Betül Uslu

DAS INOFFIZIELLE NARUTO FANBUCH

Dieses Buch widme ich
Feyyaz und Mert.

Das inoffizielle NARUTO Fanbuch

Unnützes Wissen,
Facts & Fun rund um den
tollkühnen Ninja

INHALT

VORWORT

Hand aufs Herz: „Naruto" ist der beliebteste Ninja-Manga bzw. Anime aller Zeiten! Sicher bist du derselben Meinung, sonst hättest du dieses Buch nicht in der Hand. Und weißt du was? Wir sind nicht alleine! Menschen auf der ganzen Welt verfolgen den Weg des Ninjas in unzähligen Mangas, Kurzromanen, Animes und Filmen. Klar, der Schöpfer von „Naruto" – Masashi Kishimoto – hat einfach ein ganzes Universum erschaffen. Da muss für jeden Geschmack etwas dabei sein!

Nun kann man in so ein kleines Fan-Buch wie dieses hier sicher nicht alles hineinpacken, aber als leidenschaftlicher Fan von „Naruto" sehe ich es als mein Ziel an, dir so viel „geheimes" Wissen (na schön, das meiste ist unnützes Wissen, aber pssst!) über den blonden Ninja und seine Welt mitzugeben wie nur möglich.

Du ahnst es sicher, es wird viel „Talk no Jutsu“ geben. Aber hey, es gibt keine Abkürzung, um Hokage zu werden! Durch die Theorie muss selbst Naruto durch. Allerdings will ich es dir nicht so schwer machen. Damit dein Chakra nicht zu schnell schwindet, habe ich dir ganz besondere Rezepte zusammengestellt, z. B. Rock Lees „Curry des Lebens“ oder Choujis „Ninja-Nahrungspillen“. Und falls das alles doch nichts für dich ist, kannst du immer noch aus den Seiten dieses Buches Konans Shuriken aus Papier basteln – denn auch die Anleitung hierfür habe ich für dich vorbereitet.

Bereit? Also gut! Bind dir dein Stirnband um und mach dich warm! Nun geht es los, ECHT JETZT! (oder wie Naruto im Original sagen würde: „DATTEBAYO!!!“)

„NARUTO“ UND „NARUTO SHIPPUDEN“

Die Namensgebung von „Naruto“ unterscheidet sich zwischen Anime und Manga. Während im Manga immer nur „Naruto“ verwendet wird, hat der Anime zwei Namen, weil man Narutos Kindheit („Naruto“) und Jugend („Naruto Shippuden“) klar abgrenzen wollte. Im Buch verwenden wir, wie im Manga, immer nur „Naruto“.

NARUTO INSIDE

Auf der ganzen Welt lesen begeisterte Fans die „Naruto"-Mangas. Die Bände sind in über 90 verschiedenen Ländern erhältlich, so auch das Merchandise. Der Anime wird in über 60 Ländern gezeigt.

2023 veranstaltete die offizielle „Naruto"-Seite eine globale Online-Abstimmung, bei der laut eigenen Angaben unglaubliche 4,6 Millionen Fans teilgenommen haben!

Internationale Bestseller: 2005 landeten die „Naruto"-Manga-Bände unter den Top 15 der meistverkauften Comics in Amerika. 2008 wurde „Naruto" zum meistverkauften Manga in Frankreich.

In Deutschland gehört „Naruto" laut eigener Pressemitteilung mit über 5 Millionen verkauften Exemplaren zu den Bestsellern des Carlsen Verlags.

„Naruto"-Konsolenspiele wurden u. a. für Nintendo, die Playstation und Xbox produziert. Selbst im Playstore findet man Apps mit „Naruto"-Spielen.

Als bekennende „Naruto"-Fans haben die Basketball-Profis Michael Jordan und Zion Williamson 2022 und 2023 gemeinsam lizensierte „Naruto"-Mode und -Sneakers herausgebracht.

ECHT JETZT!

2023 sind viele bekannte Spielehersteller Lizenzpartner von „Naruto" geworden. So gibt es u.a. „Das verrückte Labyrinth" und „Monopoly" in der „Naruto"-Edition. PLAYMOBIL brachte sogar ganze Szenen aus „Naruto Shippuden" zum Sammeln und Spielen heraus.

In Japans Präfektur Hyogo gibt es einen „Naruto"-Themenpark, den „Naruto x Boruto park Nijigen no mori", Besucher haben dort die Möglichkeit, in die Welt des beliebten Ninjas einzutauchen. In zwei Arealen kann man an verschiedenen Aktivitäten teilnehmen, um Teile eines Siegels zu finden – und im Labyrinth-Abschnitt sogar einen Ninja-Academy-Kurs machen!

Der deutsche Konzertveranstalter „Semmel Concerts" brachte „NARUTO – Symphonic Experience" nach dem großartigen Erfolg und mehrfach ausverkauften Plätzen in Frankreich auch nach Deutschland. Im Oktober 2023 wurde das Live-Musik-Film-Spektakel in Düsseldorf, Berlin, Hamburg und Leipzig veranstaltet.

Übrigens gibt es wirklich eine Naruto-Brücke, sie hat jedoch nichts mit dem blonden Ninja zu tun.
Die Onaruto-Brücke (dt. „große Naruto-Brücke") erstreckt sich über 1629 m über die Naruto-Straße und verbindet Minami-Awaji auf Awaji-shima mit Naruto auf Ōge-jima. Sie wurde bereits 1986 eröffnet und ersetzt seitdem sämtliche Fährverbindungen zwischen den beiden Inseln.

Der japanische Videospiele-Hersteller Namco Bandi gab an, dass 2023 die „Naruto"-Videopiele 32,52 Millionen Mal auf der ganzen Welt verkauft wurden.

DAS MASTERMIND HINTER „NARUTO“ – MASASHI KISHIMOTO

MANGAKA SIND MENSCHEN MIT EINEM AUSSERGEWÖHNLICHEN TALENT. SIE KÖNNEN MEISTERHAFT ZEICHNEN UND GLEICHZEITIG ATEMBERAUBENDE GESCHICHTEN SCHREIBEN! DENNOCH HABEN AUCH SIE EINST KLEIN ANGEFANGEN …

INSPIRIERT VOM MEISTER

Am 08. November 1974 wurde Masashi Kishimoto – kurz vor seinem Zwillingsbruder – in der ländlichen Präfektur Okayama in Japan geboren. Schon als Kleinkinder zeigten die Geschwister großes Interesse für die Welt der Mangas und Animes. Besonders die Figuren von Akira Toriyama inspirierten Masashi Kishimoto sehr. So entwickelte er bereits in der Grundschule eine Vorliebe für das Abzeichnen der Protagonisten von „Dr. Slump“ und „Dragon Ball“. Zwar konnten sich die Brüder die „Weekly Shonen Jump“ nicht leisten, welche die „Dragon Ball“-Manga-Reihe veröffentlichte, trotzdem verpassten sie keine einzige Ausgabe – dank eines Schulfreundes, der das Magazin abonniert hatte. Ein weiteres Hobby der Kishimoto-Zwillingsbrüder waren Konsolenspiele, allen voran „Dragon Quest“ – dessen Charakterdesigner ebenfalls Akira Toriyama war.

DIE LEIDENSCHAFT NEU ENTFACHT

Als die Zwillinge 1987 in die Mittelschule eingeschult wurden, änderte sich ihr Interesse. Masashi Kishimoto las mit voller Begeisterung den Baseball-Manga „Touch". Nun wollte er ebenfalls sportlich herausstechen. Zusammen mit seinem Bruder trat er der Baseball-AG der Schule bei. Das Zeichnen war nicht mehr das Hobby, das an erster Stelle stand. Das Werbeplakat „Akira" änderte das jedoch wieder. Der Mangaka Katsuhiro Otomo hatte die Hauptfigur und ihr Motorrad aus der Vogelperspektive gezeichnet. Masashis Leidenschaft wurde neu entfacht und er wollte unbedingt den Stil nachahmen können.

HÜRDEN UND HINDERNISSE

1990, als Schüler der Oberschule, hatte sich Masashi Kishimoto endgültig entschieden, Mangaka zu werden und seinen Unterhalt mit dem Zeichnen eigener Geschichten zu verdienen. Er kaufte sich unterschiedliche Stifte und zeichnete Verschiedenes aus allen erdenklichen Blickwinkeln. Doch er war nicht zufrieden. Um besser zu werden und sein Talent auszuarbeiten, besuchte er die Kunsthochschule im fernen Kyushu. Während damals eher westlich angehauchte Mangas beliebt waren, arbeitete Masashi Kishimoto an einer Samurai-Geschichte mit der Absicht, am monatlichen Manga-Talentwettbewerb der „Weekly Shonen Jump" teilzunehmen. Seine Intuition für den kommenden Trend japanischer Themen war zwar goldrichtig, nur leider kam sie etwas zu spät. Kurz vor der Fertigstellung seines Mangas wurden die beiden Serien „Rurouni Kenshin" und „Blade of the Immortal" publiziert – ebenfalls Samurai-Mangas. Masashi Kishimotos Werk kam einen Tick zu spät.

DER ERSTE SCHRITT IN SEINER KARRIERE

Im zweiten Studienjahr (1995) bewarb er sich mit seinem sehr actionreichen Manga „Karakuri" („Mechanismus") für den „Hop-Step-Award" der „Weekly Shonen Jump". Wochen vergingen, doch vom Veranstalter kam keine Rückmeldung. Geknickt wollte Masashi Kishimoto dennoch erfahren, wer der glückliche Gewinner war. Als er zum nächsten Kiosk ging und durch das Magazin blätterte, konnte er seinen Augen kaum trauen. Er hatte gewonnen, jedoch hatte das Unternehmen sich bei ihm nicht gemeldet. Diesen Moment beschreibt Masashi Kishimoto als den glücklichsten seines Lebens. Zitternd und voller Euphorie hätte er das Magazin gekauft und wäre zurück in sein Studentenzimmer getaumelt, um erstmal kräftig in seine Wange zu kneifen. Einige Zeit später bekam er dann endlich vom Manga-Verlag einen Anruf. Es kam zum Vertrag, und der Redakteur Kosuke Yahagi wurde ihm zugewiesen.

HART AN SICH ARBEITEN UND NIEMALS AUFGEBEN, DAS IST DER WEG DES MANGAKA!

Nach seinem erfolgreichen Uniabschluss kehrte Kishimoto 1997 in seine Heimat zurück und arbeitete an Entwürfen für eine neue Manga-Serie. Zeitgleich erhielt er das Angebot, einen One-Shot für die „Weekly Shonen Jump" anzufertigen. Während seine Ideen für eine Manga-Reihe die Redaktion nicht überzeugen konnten, erzielte er mit seinem One-Shot „Naruto" erneut einen Hit. Die in sich abgeschlossene Geschichte wurde in der „Akamaru Jump" veröffentlicht und schnitt bei einer Leserumfrage sehr gut ab. Derselbe Erfolg blieb jedoch bei den neuen Projekten aus. Er versuchte, seinen ersten Hit „Karakuri" als Serie umzusetzen, scheiterte aber kläglich. Für die Überarbeitung von Manga zur Serie erhielt er nur zwei Wochen Zeit. Das war zu knapp, um sein Werk zu entwickeln. Bereits nach vier Wochen – dem frühmöglichsten Zeitpunkt – wurde die Serie abgebrochen. Nach dem Scheitern von „Karakuri" versuchte er es mit einem Baseball-Manga und später mit einem Mafia-Manga. Doch es hieß immer wieder „Botsu!" – „Abgelehnt!".

WIE WIRD MAN EIGENTLICH MANGAKA?

Um Mangaka zu werden, sind die Grundvoraussetzungen die Leidenschaft für Mangas und das Zeichnen sowie eine Fähigkeit zum Geschichtenerzählen. Am besten teilt man die Arbeit zunächst online, sammelt Feedback und kann dann eine formale Ausbildung in Kunst oder Literatur in Erwägung ziehen. Danach bewirbt man sich geduldig bei Manga-Verlagen, wobei der Weg zum Erfolg oft lang ist. Selbst wenn man kein professioneller Mangaka wird, kann die Reise trotzdem erfüllend sein.

EIN GUTES TEAM

In dieser Zeit hatte Masashi Kishimoto sogar überlegt, den Verlag zu wechseln, wäre da nicht sein Redakteur Kosuke Yahagi gewesen. Dieser hatte nämlich mit seinen geschulten Augen Kishimotos besonderen Zeichenstil bemerkt und ihn überredet, dem Shonen-Genre eine letzte Chance zu geben. Im Gegensatz zu den meisten Mangaka arbeitet Kishimoto mit dünnen Stiften, zeichnet Hintergründe besonders detalliert und achtet bei seinen Figuren darauf, dass sie in ihrem Design nicht zu überladen wirken. Dadurch sah Yahagi die Chance, ein erwachseneres Publikum anzusprechen. Er unterbrach schließlich Kishimotos Arbeit an einem anderen One-Shot und bat ihn stattdessen, Storyboards für seine beliebte Kurzgeschichte „Naruto" zu entwickeln – mit Erfolg! Sein Manga sollte erst drei Monate später publiziert werden, und er hatte genug Zeit, den Anfang seines Werks mehrmals zu überarbeiten. Als es dann soweit war, stellte er acht hervorragende Kapitel vor.

DER DURCHBRUCH

Im September 1999 wurde das erste Kapitel der Serienversion von „Naruto" in der „Weekly Shonen Jump" Nr. 43 aufgeführt und wurde sofort ein Hit. Bereits nach dem 8. Kapitel bekam er von „Studio Pierrot" die Anfrage, seinen Manga als Anime im japanischen Fernsehsender „Tokyo" auszustrahlen. Von da an ging es hoch hinaus. Über einen Zeitraum von 15 Jahren, vom 21. September 1999 bis zum 10. November 2014, vollendete Kishimoto „Naruto" mit insgesamt 72 Bänden. Sein Werk gilt als das weltweit beliebteste Ninja-Manga. Die Sammelbände wurden bis September 2014 mehr als 200 Millionen Mal weltweit verkauft! Dies führte zu zahlreichen Ablegern, darunter Romanreihen, Videospiele und Filme, die auf den Mangas basieren, sowie einer Vielzahl von weiteren Merchandise-Produkten. Bei den Fans genießt „Naruto" neben „One Piece" und „Bleach" den Status „Big-Three" nach „Dragon Ball". Und sein Erfolg ist noch lange nicht zu Ende: Im Mai 2016 startete mit „Boruto: Naruto Next Generation" eine neue Manga-Reihe und Anime-Serie rund um Narutos Sohn, dessen Autor wieder Masashi Kishimoto ist.

ERFOLG, HINGABE UND FAMILIENLEBEN

EIN BLICK HINTER DIE FASSADE VON MASASHI KISHIMOTO: VON PROPHEZEIUNGEN ÜBER KURIOSE MISSGESCHICKE BIS HIN ZU PERSÖNLICHEN OPFERN FÜR DEN ERFOLG VON „NARUTO" – ERFAHRE MEHR ÜBER DEN MANN, DER DIE MANGA-WELT REVOLUTIONIERTE!

Masashi Kishimotos Gehalt wird auf rund 4,88 Mio. US-Dollar pro Jahr geschätzt. Damit gehört er zu den bestbezahlten japanischen Mangaka! Laut „Celebrity Net Worth" belief sich sein gesamtes Vermögen im Jahr 2019 auf 20 Mio. US-Dollar.

Am ersten Geburtstag von Masashi Kishimoto und seinem jüngeren Zwillingsbruder Seishi Kishimoto legten ihre Eltern ihnen ein Abakus, ein Pinsel und etwas Geld vor. Das ist ein alter Brauch in ihrer Heimat, um auf spaßige Weise vorherzusagen, welchen Berufsweg Kinder gehen werden. Während der kleine Seishi (heute ebenfalls ein Mangaka) den Pinsel nahm, hat Masashi sofort nach dem Geld gegriffen. Offenbar wusste er schon als Baby, dass er eines Tages sehr erfolgreich sein wird.

Als Kosuke Yahagi, der zugewiesene Redakteur der „Weekly Shonen Jump", Kishimoto angerufen hatte, um ihm die bevorstehende Zusammenarbeit zu verkünden, hätte Kishimoto vor Aufregung versehentlich den Hörer aufgelegt. Ein Glück, dass der Redakteur gleich nochmal angerufen hat.

Der große Termindruck, den Kishimoto während der gesamten Produktion von „Naruto" hatte, ließ ihn sogar bei Krankheitsfall von seinem Bett aus weiter an der Story arbeiten.

In seiner Freizeit schaut Kishimoto gerne Star Wars, Matrix sowie die Jackie-Chan-Filme an.

Während der ganzen Produktionszeit um „Naruto" kam es wieder und wieder zu Rechtsstreitigkeiten wegen Plagiaten zwischen seinen Werken und denen seines Bruders Seishi. Was für die Produzenten stets ein Ärgernis war, nahm Kishimoto eher gelassen auf. Im Interview sagte er dazu, dass es kein Wunder sei, schließlich hätte er mit seinem Zwillingsbruder stets dasselbe Umfeld und denselben Einfluss gehabt.

In einem Interview erzählte Kishimoto, dass das Verhältnis zwischen Naruto und seinem Sohn Boruto seinem eigenen Verhältnis zu seinem Sohn entspricht. Das bedeutet, dass sein Kind weniger erfreut über den Erfolg des Mangakas zu sein scheint und sich lieber viel mehr gemeinsame Zeit mit ihm wünscht.

Kishimoto und seine Frau mussten 12 Jahre auf ihre erste gemeinsame Reise warten. Nach der Beendigung des Mangas – konnten sie mit ihrem Kind zum ersten Mal verreisen.

„NARUTO" – DER ONE-SHOT

MIT EINEM ONE-SHOT NAMENS „NARUTO", DER IN DER SONDERAUSGABE DER „AKAMARU-JUMP" IM AUGUST 1997 VERÖFFENTLICHT WURDE, BEGANN NARUTOS MANGA-GESCHICHTE. DOCH DORT GAB ES EINE ANDERE VERSION DER UNS BEKANNTEN STORY VON NARUTO. WIE DIESE AUSSAH, ERFÄHRST DU HIER!

DIE GESCHICHTE DES FUCHSWELPEN NARUTO

Sie wird uns im Prolog der Urgeschichte erzählt: Vor vielen Jahren gab es ein riesiges Fuchsungheuer – mit neun Schwänzen! Es zerstörte Berge und verursachte Tsunamis, bis sich neun mutige Männer aufmachten, um es zu bekämpfen. Sie waren erfolgreich, aber nur ein Mann kehrte lebend zurück, im Gepäck den überlebenden Fuchswelpen Naruto. Als Held gefeiert wurde er zum Anführer des Dorfes und ließ Naruto leben.

Fortan darf der freche Fuchsjunge in Menschengestalt die Schule besuchen. Doch Naruto will sich nicht integrieren. Er vertraut den Menschen nicht und spielt ihnen immer bösartigere Streiche. Das Oberhaupt befürchtet, die Katastrophe aus der Vergangenheit könnte sich wiederholen. Deshalb verlangt er von Naruto, dass dieser einen wahren Freund findet, andernfalls darf er die Stadt nicht mehr betreten. Natürlich muss Naruto jetzt erstmal eine Nudelsuppe schlürfen. Der Wirt im Restaurant macht ihm ein spannendes Angebot: Naruto muss sein Essen nicht bezahlen, wenn er im Gegenzug einen betrunkenen Gast nach Hause begleitet.

In der Wohnung des Betrunkenen stellt sich heraus, dass dieser ein berühmter Künstler ist und mit seinem freundlichen Assistenten zusammenwohnt. Während Naruto und der Assistent sich unterhalten, wacht der Künstler auf. Nicht erfreut über den fremden Besuch, zeigt er sich trotzdem dankbar und bietet Naruto an, mit ihnen zu trinken. Nach einem kurzen Zögern sagt Naruto zu. Als sich im Laufe des Abends die Stimmung lockert, erzählt er den beiden Menschen von seiner wahren Herkunft und von der Aufgabe, die ihm das Oberhaupt aufgetragen hat, nämlich einen wahren Freund zu finden. Doch der Künstler nimmt ihm die Hoffnung. Auch er hätte früher in Menschen vertraut und wurde enttäuscht. Als er sich schlafen legt, erzählt sein Assistent, wie es zu dieser Verbitterung gekommen ist. Naruto hört ihm aufmerksam zu und legt sich dann auch schlafen.

In derselben Nacht kommt es zu einem Einbruch und der gütige Assistent wird ermordet. Natürlich verdächtigt die Polizei nun Naruto. Nur der Künstler will ein letztes Mal jemandem vertrauen. Er behauptet, dass Naruto unschuldig sei und nimmt die Schuld auf sich. Überwältig von dem Gefühl, dass sich ein Mensch freiwillig für ihn einsetzt, gibt Naruto alles, um den wahren Täter zu finden.

WAS IST ANDERS, WAS IST GLEICH?

- Die Kurzgeschichte spielt in der Gegenwart, vor allem erkennbar an den Autos und Motorrädern, die auf den Straßen fahren.
- Narutos Dorf ist eine Stadt.
- Naruto ist ein Fuchsgeist, der sich in einen Menschen verwandeln kann.
- Narutos Vater ist ein Fuchsungeheuer und nicht der Held, der das Ungeheuer versiegelt hat.
- Naruto besitzt ein Mofa.
- Sein Aussehen und Charakter sind in beiden Versionen gleich.
- Das Oberhaupt der Stadt wird nicht beim Namen genannt, aber sein Aussehen ist beinahe identisch mit Hiruzen Sarutobi.
- Ichiraku-Ramen gibt es auch im One-Shot und Ramen isst Naruto auch da am liebsten!
- Naruto verwandelt sich in eine leichtbekleidete, junge Frau (ganz wie im Sexy Jutsu).
- Das Grundthema ist in beiden Versionen gleich, nämlich „Vertrauen in Menschen".

GEWUSST?

Die ursprüngliche Kurzgeschichte von Naruto kannst du im Begleitbuch „Die Schriften des Hyo" ab Seite 168 lesen.

ALLES ZUM MANGA!

DIE GESAMTE „NARUTO"-MANGA-REIHE BESTEHT AUS 700 KAPITELN IN INSGESAMT 72 BÄNDEN. SIE ERSCHIEN VON SEPTEMBER 1999 BIS NOVEMBER 2014 IM JAPANISCHEN MAGAZIN „WEEKLY SHONEN JUMP" IM SHUEISHA-VERLAG.
IN DEUTSCHLAND WURDE „NARUTO" ERSTMALIG 2001 DURCH DEN CARLSEN VERLAG HERAUSGEBRACHT.

DIE ARCS

Die Manga-Bände können in 18 Arcs (Handlungsstränge) aufgeteilt werden:

- Prolog – Das Land der Wellen
- Chunin-Auswahlprüfungen
- Konohas Zerstörung
- Suche nach Tsunade
- Sasuke: Rettungsmission
- Kazekage: Rettungsmission
- Aufklärungsmission der Tenchi Brücke
- Akatsuki: Bekämpfung
- Itachi
- Geschichte von Jiraiya
- Kampf der Brüder
- Pain
- Fünf-Kage-Treffen
- Vierter Shinobi-Weltkrieg
- Vierter Shinobi-Weltkrieg Höhepunkt
- Geburt Jinchuuriki
- Kaguya Otsutsuki
- Tal des Schicksals

Zugegeben, bei dem Versuch, die „Naruto"-Bände in die jeweiligen Arcs einzuteilen, ist man von vornherein zum Scheitern verurteilt. Viele Arcs fließen ineinander, sodass in manchen Bänden ein Arc endet und der nächste schon wieder beginnt – und im Anime sind die Arcs ohnehin wieder völlig anders aufgeteilt. Um eine möglichst preiswerte und kompakte Form aller Manga-Bände zu zeigen, werden nachfolgend nur die **MASSIV-Bände** aufgeführt.

1 Kapitel 1–33, Kampf Team 7 vs. Zabuza & Haku
2 Kapitel 34–64, Chunin-Prüfungen
3 Kapitel65–90, Ausscheidungskämpfe
4 Kapitel 91–115, Gaara
5 Kapitel116–145, Orochimaru vs. Konoha
6 Kapitel 146–173, Itachi taucht auf
7 Kapitel 174–200, Sasuke verlässt Konoha
8 Kapitel 201–225, Verfolgungsjagd um Sasuke
9 Kapitel 226–250, Naruto vs. Sasuke im Tal des Schicksals
10 Kapitel 251–281, Rettung von Gaara
11 Kapitel 282–312, Neues Teammitglied Sai
12 Kapitel 313–342, Konoha-Nins vs. Akatsuki
13 Kapitel 343–367, Sasuke vs. Orochimaru
14 Kapitel 368–402, Sasuke vs. Itachi
15 Kapitel 403–430, Pain-Kampf
16 Kapitel 431–457, Beginn der Fünf-Kage-Konferenz
17 Kapitel 458–487, Sasuke vs. Danzo
18 Kapitel 488–514, Training mit Killer B
19 Kapitel 515–544, Kriegsbeginn
20 Kapitel 545–575, Lehre der Biju
21 Kapitel 576–599, Uchiha-Brüder vs. Kabuto
22 Kapitel 600–637, Obito und Madara
23 Kapitel 638–673, Kaguya
24 Kapitel 674–700, Endkampf Naruto vs. Sasuke

EXTRA MANGAS

„Naruto"-Kapitel 700+1

Narutos Geschichte findet im 700. Kapitel ihr Ende. „Naruto: Der siebte Hokage und der scharlachrote Frühling" von Kishimoto ist das Kapitel 700+1. Mit einem Zeitsprung von über 12 Jahren dient es als Übergang zur Nachfolgeserie „Boruto: Naruto Next Generation". Premiere hatte dieser Manga am 27. April 2015 in der „Weekly Shonen Jump".

„Boruto: Naruto Next Generation"

Das Sequel von „Naruto" dreht sich rund um Boruto, Narutos Sohn. Die Manga-Serie „Boruto" startete im Mai 2016, der Anime dazu wird seit April 2017 auf dem japanischen Sender TV Tokyo ausgestrahlt. Während „Naruto" von Masashi Kishimoto geschrieben und gezeichnet wurde, ist der Mangaka von „Boruto" Mikio Ikemoto. Allerdings ist dieser nicht auch gleichzeitig der Autor. Das war zunächst der Autor Ukyo Kodachi, mit Unterstützung von Kishimoto. Ab Kapitel 52 übernahm im November 2020 – zur Überraschung der Fans – Masashi Kishimoto die Storyline, Mikio Ikemoto zeichnet den Manga aber weiterhin. Die „Boruto"-Mangas erscheinen seit Juli 2017 bei „Carlsen Manga!" auf Deutsch.

Omake

Neben Narutos Hauptgeschichte gibt es noch zusätzliche Manga-Kapitel. Diese Kurzgeschichten wurden in den verschiedenen Begleitbüchern veröffentlicht. (Mehr Infos zu den Begleitbüchern findest du auf Seite 36 & 37.)

- Konoha-Nebengeschichte: Im Ichiraku-Imbiss (Die Schriften des Rin)
- Die feierliche Enthüllung von Kakashis wahrem Gesicht (Die Schriften des Sha)
- Die Vollendung der neuen Erotik-Ninjatechnik! (Die Schriften des Kai)
- Road to Naruto The Movie (Die Schriften des Jin)
- Spezial-Sonderkapitel: After the Last (Die Schriften des Retsu)
- Das wahre Gesicht ...! (Naruto Shinden: Fu No Sho)
- Die aus Liebe erschossene Bestie! (Naruto Shinden: Rai No Sho)

ALLES RUND UM DIE ANIMES

WÄHREND DER MANGA AUS EINEM FORTLAUFENDEN STÜCK BESTEHT, WIRD DER ANIME IN ZWEI TEILE GETRENNT: „NARUTO“ UND „NARUTO SHIPPUDEN“. SPÄTER KAM DANN ALS SEQUEL „BORUTO: NARUTO NEXT GENERATION“ DAZU.

Die Produktion der Anime-Serien verantwortet das Studio Pierrot. Die Handlungen wurden in der Regel originalgetreu umgesetzt, beim Design der Figuren gab es allerdings kleinere Veränderungen. Eine Episode entspricht ungefähr zwei Manga-Kapiteln.

„NARUTO“

Der erste Anime-Teil wird fälschlicherweise oft „Naruto Classic“ genannt, jedoch lautet der Titel einfach nur „Naruto“. Er umfasst insgesamt 220 Folgen in 9 Staffeln und wurde vom 3. Oktober 2002 bis zum 8. Februar 2007 wöchentlich auf dem japanischen Fernsehsender TV Tokyo gezeigt.
In Deutschland feierte die Serie am 18. September 2006 auf RTL 2 Premiere. Naruto ist in diesem Teil der Serie zwischen 12 und 13 Jahre alt. Diese Folgen sind essentiell, um das „Naruto“-Universum besser verstehen zu können.

Chronologische Reihenfolge der Arcs im Anime:

- Staffel 1: (Folge 001 – 019)
  Das Land der Wellen
- Staffel 2: (Folge 020 – 052)
  Die Chunin-Auswahlprüfung
- Staffel 3: (Folge 053 – 080)
  Orochimarus Rache
- Staffel 4: (Folge 081 – 106)
  Die Suche nach Tsunade
- Staffel 5: (Folge 107 – 135)
  Mission: Rettet Sasuke
- Staffel 6: (Folge 136 – 157)
  Die Reise nach Otogakure
- Staffel 7: (Folge 158 – 183)
  Suche nach Sasuke
- Staffel 8: (Folge 184 – 200)
  Filler
- Staffel 9: (Folge 201 – 220)
  Filler

„NARUTO SHIPPUDEN"

Die direkte Fortsetzung „Naruto Shippuden" wurde vom 15. Februar 2007 bis zum 23. März 2017 im japanischen Fernsehen ausgestrahlt und umfasst 500 Folgen in 26 Staffeln. Die Erstausstrahlung in Deutschland erfolgte am 23. April 2009 auf RTL 2, endete aber mitten in der Handlung. Später ging es dann auf Pro7 MAXX mit neuer Synchronisation weiter. In „Naruto Shippuden" ist Naruto 15, später 16 Jahre alt.

Arcs von „Naruto Shippuden":

- Staffel 1: (Folge 001 – 032)
  Rettung des Kazekage Gaara
- Staffel 2: (Folge 033 – 053)
  Die Suche nach Sasuke
- Staffel 3: (Folge 054 – 071)
  Die Zwölf Ninjawächter

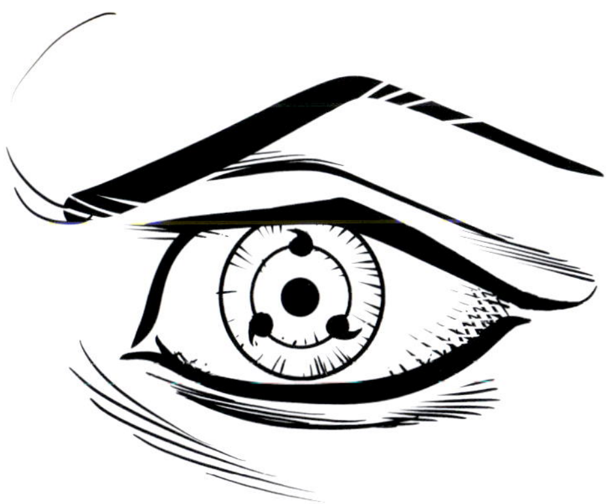

- Staffel 4: (Folge 072 – 088)
  Die zwei unsterblichen Akatsuki
- Staffel 5: (Folge 089 – 112)
  Die Jagd auf den Sanbi
- Staffel 6: (Folge 113 – 143)
  Die Prophezeiung und Rache des Meisters
- Staffel 7: (Folge 144 – 151)
  Der Rokubi taucht auf
- Staffel 8: (Folge 152 – 175)
  Angriff auf Konoha
- Staffel 9: (Folge 176 – 196)
  Geschichten aus Konoha
- Staffel 10: (Folge 197 – 222)
  Das Treffen der fünf Kage
- Staffel 11: (Folge 223 – 242)
  Paradiesisches Bordleben
- Staffel 12: (Folge 243 – 275)
  Bemächtigung des Kyuubi und schicksalhafte Begegnungen
- Staffel 13: (Folge 276 – 295)
  Die Sieben Shinobi-Schwertkämpfer
- Staffel 14: (Folge 296 – 320)
  Der vierte große Shinobi-Weltkrieg – Angreifer aus dem Jenseits
- Staffel 15: (Folge 321 – 348)
  Der vierte große Shinobi-Weltkrieg – Sasuke und Itachi
- Staffel 16: (Folge 349 – 361)
  Kakashi ANBU Arc
- Staffel 17: (Folge 362 – 372)
  Der vierte große Shinobi-Weltkrieg – Die Rückkehr von Team 7
- Staffel 18: (Folge 373 – 393)
  Der vierte große Shinobi-Weltkrieg – Obito Uchiha
- Staffel 19: (Folge 394 – 413)
  Auf den Spuren von Naruto – Der bisherige Weg
- Staffel 20: (Folge 414 – 431)
  Das endlose Tsukuyomi – Die Beschwörung
- Staffel 21: (Folge 432 – 450)
  Jiraiyas Ninja-Schriften: Die Geschichte des Helden Naruto
- Staffel 22: (Folge 451 – 458)
  Itachi Shinden: Licht und Dunkelheit
- Staffel 23: (Folge 459 – 469)
  Der Ursprung des Ninshu – Die zwei Seelen, Indora und Ashura
- Staffel 24: (Folge 470 – 479)
  Sasuke und Naruto
- Staffel 25: (Folge 480 – 493)
  Sasuke Shinden – Buch des Sonnenaufgangs
- Staffel 26: (Folge 494 – 500)
  Konoha Hiden: Ein perfekter Tag für eine Hochzeit

„BORUTO: NARUTO NEXT GENERATION“

Dieses Sequel läuft seit dem 5. April 2017 im Programm des japanischen Senders TV Tokyo. Die erste Folge von „Boruto“ wurde in Deutschland am 2. Januar 2020 auf Pro7 MAXX gezeigt. In dieser Fortsetzung ist Naruto bereits erwachsen und der amtierende Hokage. Zudem ist er stolzer Vater von zwei Kindern. Naruto ist glücklich über sein Amt als Hokage, aber sein Sohn Boruto begehrt gegen ihn und die traditionellen Werte der Ninjas auf. Als Vorbild und Mentor hat er sich Sasuke ausgesucht. Auch wenn die Hauptcharaktere von „Naruto“ in dieser Serie eher Nebenrollen einnehmen, erleben sie dennoch glanzvolle Momente, die man nicht verpassen sollte.

IST DIR DAS SCHON AUFGEFALLEN?

In fast jeder Folge von „Naruto“ und „Naruto Shippuden“ gibt es kleinere und größere Unterschiede in den Zeichnungen und Animationen. Dies liegt daran, dass für die zügige Produktion der Episoden verschiedene Animations-Teams tätig waren, die alle natürlich einen anderen Stil haben. Allerdings kam das bei den Zuschauern nicht immer wie gewünscht an. Insbesondere der Kampf gegen Tendo-Pain, animiert von Atsushi Wakabayashi, wird oft als Screenshot und Meme unter den Fans geteilt, mit dem Hinweis, niemals den Anime zu stoppen, weil durch die einfache Animation selbst die gefährlichsten Antagonisten lächerlich wirken.

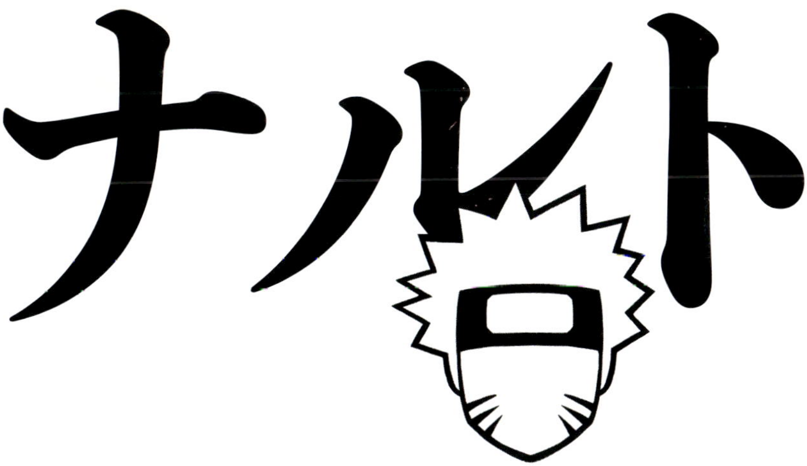

DIE SACHE MIT DEN FILLERN

WER KENNT SIE NICHT, DIE FIESEN UNTERBRECHUNGEN WÄHREND DER SPANNENDSTEN SZENEN IM ANIME VON „NARUTO"? MITTEN IM KAMPF WERDEN PLÖTZLICH SEQUENZEN AUS NARUTOS KINDHEIT GEZEIGT, SODASS MAN ANNEHMEN KÖNNTE, DIE REIHENFOLGE DER EPISODEN SEI VERTAUSCHT. WAS IST DA LOS?

Beginnt man zu recherchieren, wird man spätestens dann mit dem Begriff „Filler" konfrontiert. Im „Naruto"-Anime gibt es sehr viele Filler-Episoden! Von den 220 Folgen sind 91 Folgen Filler, was fast die Hälfte des Animes ausmacht. Bei „Naruto Shippuden", bestehend aus 500 Folgen, sind es tatsächlich 205 Filler-Episoden.

WAS GENAU SIND FILLER? UND WARUM SIND SIE MEIST SO BELANGLOS?

Zunächst einmal: Wer die Mangas liest, ist klar im Vorteil, denn darin gibt es keine Filler. Und genau das ist auch der springende Punkt. Der Begriff „Filler" kommt aus dem Englischen und bedeutet etwa „Füllmaterial". Filler werden immer dann eingeschoben, wenn die Fernsehserie droht, die Manga-Vorlage zu überholen. Damit der Mangaka nicht unter Zeitdruck gerät, gibt es ein Team, dass die Filler-Episoden erstellt. So kann die Zeit überbrückt werden bis der Manga weitergehen kann.

Bei „Naruto" gilt alles als Canon, was Kishimotos Ideenreichtum entspringt. Dazu gehören auch die Begleitbücher, die in Kooperation mit ihm und anderen Autoren entstanden sind. Um also zwischen Canon und Filler unterscheiden zu können, muss zunächst geprüft werden, ob Kishimoto als Autor der entsprechenden Handlung eingetragen ist.

Der Vorteil der Filler ist, dass sie manchmal verwendet werden, um die Shinobi-Welt oder Charaktere genauer zu beleuchten. Im Manga hatte das ursprünglich keinen Platz. So erfährt man aber noch spannendes Hintergrundwissen und steigt viel tiefer in die Handlung ein. Oft enthalten diese Folgen auch urkomische Szenen, die in die tragische Thematik der anderen Folgen nicht hineinpassen würden.

Welche Folge nun Canon ist, welche Filler und welche eine Mischung aus beidem, zeigt dir die ultimative Filler-Liste.

„NARUTO"

Canon-Episoden: 1–6, 8, 10–13, 17, 22, 25, 31–36, 42, 48, 50/51, 61/62, 64/65, 67/68, 73, 75–82, 84–96, 107–111, 115–125, 128/129, 132–135
Canon/Filler-Episoden: 7, 9, 14–16, 18–21, 23/24, 27–30, 37–41, 43–47, 49, 52–60, 63, 66, 69–72, 74, 83, 98, 100, 112–114, 126/127, 130/131, 141/142, 220
Filler-Episoden: 26, 97, 101–106, 136–140, 143–219

Was passiert in den Filler-Episoden?

Episode 26: Naruto und seine Freunde werden vor den Chunin-Prüfungen von Konohamaru interviewt.
Episode 97: Tsunade erhält einen Erpresserbrief und Naruto wird bestohlen.
Episoden 101 – 106: Naruto, Sasuke und Sakura wollen endlich Kakashi ohne Maske sehen. Danach geht es um Idate Morino.
Episoden 136 – 219: Naruto und Jiraiya verbringen gemeinsam die Zeit, bevor die Trainingsreise beginnt.

GEWUSST?

Filler-Held: Raiga Kurosuki ist ein Mitglied der Sieben Shinobi-Schwertkämpfer aus Kirigakure und der einzige Filler-Charakter, der acht Jahre nach seiner Filler-Folge auch im Manga seinen Platz fand. Du findest ihn im Kapitel 668 im Manga.

„NARUTO SHIPPUDEN"

Canon-Episoden: 20–23, 26/27, 29–44, 46–48, 51–53, 55, 72–88, 113/114, 116–126, 129–143, 152–169, 172–175, 197–212, 214–222, 243–253, 255/256, 261–270, 272–278, 282/283, 297–302, 321–323, 325/326, 329, 332–337, 339–345, 363–375, 378–384, 387, 391–393, 414, 418, 420/421, 424/425, 459, 463, 470, 473–477, 484–500

Canon/Filler-Episoden: 1–19, 24/25, 45, 49/50, 54, 56, 89/90, 115, 127/128, 213, 254, 296, 324, 327/328, 330/331, 338, 346, 362, 385/386, 415, 419, 426, 451–458, 460–462, 469, 471/472, 478/479

Filler-Episoden: 57–71, 90–112, 144–151, 170/171, 176–196, 223–242, 257–260, 271, 279–281, 284–295, 303–320, 347–361, 376/377, 389–390, 394–413, 416/417, 422/423, 427–445, 464–468, 480–483

Was passiert in den Filler-Episoden?

Episoden 57 – 71: Mönch Sora vs. Team Yamato

Episoden 90 – 112: Deidara und Tobi fangen den Sanbi ein.

Episoden 144 – 151: Die Geschichte von Utakata wird erzählt.

Episoden 170/171: Wir erfahren etwas über das Vermächtnis des vierten Hokage.

Episoden 176 – 196: Die Konoha-Nin erinnern sich an ihre Begegnung mit Naruto zurück.

Episoden 223 – 242: Um zu trainieren, wird Naruto mit Killer B auf eine Insel gebracht.

Episoden 257 – 260: Szenen aus Narutos Kindheit rücken in den Mittelpunkt.

Episode 271: Sakura hat ihr Gedächtnis verloren.

Episoden 279 – 281: Erneut wird Deidara eingefangen. Hinata, Kiba und Shino kämpfen gegen den weißen Zetsu. Die Frauen der Konoha-Nin beschützen das Dorf.

Episoden 284 – 295: Wir erhalten Einblicke in die Vorbereitungen für den vierten Shinobi-Weltkrieg.

Episoden 303 – 320: Während des Krieges finden spannende Kämpfe statt.

Episoden 347 – 361: Kakashis ANBU-Zeit wird beleuchtet.
Episoden 376/377: Naruto vs. Roboter
Episoden 389/390: Die beiden Folgen kündigen den Film „The Last: Naruto the Movie" an.
Episoden 394 – 413: Während Naruto und Jiraiya auf Trainingsreise sind, wird die Chunin-Auswahlprüfung gezeigt.
Episoden 427 – 445: Wir werden in die Traumwelten durch das endlose Tsukuyomi gezogen.

„BORUTO"

Bei „Boruto" wird es etwas komplizierter. Die Hintergrundgeschichten von Sarada, Mitsuki sowie Mirai sind keine Filler. Diese Handlungen wurden als separate Mangas veröffentlicht und haben nicht viel mit der Hauptgeschichte zu tun. Die Macher haben dies absichtlich so eingefädelt, um in den späteren Folgen keine Unterbrechungen zu haben und genug Zeit für die Haupthandlung zu gewährleisten. Dennoch gibt es auch bei „Boruto" Folgen, die getrost übersprungen werden können.
Filler-Episoden: 16/17, 40/41, 49/50, 67–69, 96/97, 112–114, 116–119, 138–140, 152–156, 256–258

NARUTO INSIDE

DU SCHAUST ZU VIEL NARUTO, WENN …

… du dich nur noch von Nudelsuppe ernährst.

… du plötzlich alle Raben verdächtigst. Dahinter könnte Itachi stecken.

… du jede neue Bekanntschaft mit einem „Naruto“-Charakter vergleichst.

… dir die violetten Zwiebelringe auf deinem Salat das Gefühl geben, in ein Rinnegan zu starren.

… du verzweifelt versuchst, das Schattendoppelgänger-Jutsu zu meistern, wenn dir wieder alles über den Kopf wächst.

… du an Heiligabend den Geburtstag von Madara feierst.

ECHT JETZT!

...du dich über die verblüffende Ähnlichkeit von Mozilla Firefox und Kurama wunderst.

...dich der Schwanz von Enten an den Haarschnitt von Sasuke erinnert.

...du dich beim Ausrollen deines Toilettenpapiers wie Tenten mit ihren Schriftrollen fühlst.

...dein Hund Akamaru oder Pakkun heißt.

...du beim englischen Wort „sharing" immer an das Sharingan und bei „pain" immer an Yahiko und Nagato denken musst.

...du dich wie ein vertrauter Geist fühlst, wenn dich jemand auf Social Media irgendwo markiert und du mitten ins Thema geworfen wirst.

...Wiederbelebung für dich nur noch Edo Tensei heißt.

...du etwas in der Ferne nicht gut lesen kannst und deine Augen zum Byakugan zusammendrückst.

...du beim Anblick von Wolken immer an Shikamarus Wunsch denkst, eine Wolke zu sein.

...du den Reflex entwickelt hast, „Saskeeee" zu schreien, sobald jemand „Naruto" sagt.

...dein Laptop wieder hängt und du kurz davor bist Chidori gegen den Bildschirm auszuprobieren.

...bei Sonnenuntergang dein Schatten länger wird und du Shikamarus Ninjutsu nachahmst.

DIE FILME

ES GIBT INSGESAMT ELF „NARUTO"-FILME, DIE FAST ALLE EINE EIGENE, ABGESCHLOSSENE HANDLUNG HABEN UND SOMIT NICHT UNBEDINGT RELEVANT FÜR DIE SERIE SIND. TROTZDEM MACHT ES SINN, SIE IN DER RICHTIGEN REIHENFOLGE ANZUSEHEN, UM NICHT GESPOILERT ZU WERDEN, DENN DIE GEGEBENHEITEN LEHNEN SICH IMMER AN EINEN ZEITRAUM AUS DER HAUPTSTORY AN.

1. FILM

„Naruto – The Movie: Geheimmission im Land des ewigen Schnees"

Empfohlen ab Folge 106

Handlung: Naruto, Sasuke, Sakura und Kakashi sollen im Land des ewigen Schnees die Prinzessin und Schaupielerin Koyuki beschützen.

2. FILM

„Naruto – The Movie: Die Legende des Steins von Gelel"

Empfohlen ab Folge 160

Handlung: Naruto, Sakura und Shikamaru erhalten den Auftrag, ein Frettchen in ein Dorf zu bringen. Doch dort stellen sie fest, dass Haido das Dorf angegriffen hat.

3. FILM

„Naruto – The Movie: Die Hüter des Sichelmondreiches"

Empfohlen ab Folge 196

Handlung: Naruto, Kakashi, Lee und Sakura sollen den Prinzen der Mondsichelinsel Michiru und dessen Sohn Hikaru sicher nach Hause begleiten.

4. FILM

„Naruto Shippuden – The Movie"

Empfohlen ab „Shippuden"-Folge 23

Handlung: Ein Dämon wird wiederbelebt. Naruto und seine Freunde müssen die Schreinwächterin Shion beschützen, die den Dämon wieder versiegeln kann.

5. FILM

„Naruto Shippuden – The Movie: Bonds"

Empfohlen ab „Shippuden"-Folge 70

Handlung: Naruto, Sakura und Hinata

wird aufgetragen, einen Arzt und seine Schülerin in ein Dorf zu eskortieren. Es stellt sich aber heraus, dass der Mediziner der Anführer der fliegenden Shinobi ist. Dabei begegnen sie Sasuke, der für Orochimaru etwas von diesem Arzt besorgen soll.

6. FILM

„Naruto Shippuden – The Movie: Die Erben des Willens des Feuers"

Empfohlen ab „Shippuden"-Folge 121

Handlung: Wegen eines Shinobi namens Hiruko verschwinden Ninjas mit Kekkei Genkai. Nun ist Kakashis Sharingan der Letzte, der Hiruko fehlt. Naruto lässt es aber nicht zu, dass er sich einfach ergibt.

7. FILM

„Naruto Shippuden – The Movie: The Lost Tower"

Empfohlen ab „Shippuden"-Folge 169

Handlung: Als Naruto einen verschollenen Ninja finden soll, schickt ihn dieser in die Vergangenheit zurück. Dort kämpft er an der Seite seines Vaters.

8. FILM

„Naruto Shippuden – The Movie: Blood Prison"

Empfohlen ab „Shippuden"-Folge 221

Handlung: Naruto wird eingesperrt, weil er beschuldigt wird, den Raikage A angegriffen zu haben.

9. FILM

„Road to Ninja: Naruto the Movie"

Empfohlen ab „Shippuden"-Folge 271

Handlung: Sakura hat mit ihren Eltern gestritten. Tobi befördert sie und Naruto in eine Parallelwelt.

10. FILM

„The Last: Naruto the Movie"

Unbedingt anschauen nach Folge 478! Dieser Film gehört auch (ausnahmsweise) zur Hauptstory.

Handlung: Hinatas Schwester Hanabi wurde entführt! Naruto und Hinata machen sich auf zu einer Rettungsmission, dabei erkennt Naruto endlich Hinatas Liebe zu ihm.

11. FILM

„Boruto-Naruto the Movie"

Unbedingt anschauen direkt nach dem Serienmarathonende von „Naruto Shippuden"!

Handlung: Während der Chunin-Prüfungen tauchen neue Feinde aus Kaguyas Heimat auf, die Naruto entführen. Boruto, Sasuke und die fünf Kage machen sich auf die Suche nach ihm.

BEGLEITBÜCHER UND WEITERE GESCHICHTEN

DAMIT DER LESESTOFF NICHT AUSGEHT, HABEN UNS KISHIMOTO UND SEIN TEAM EINE GANZE MENGE EXTRAS ZUR VERFÜGUNG GESTELLT. DAZU GEHÖREN BEGLEITBÜCHER, LIGHT NOVELS UND ZEICHENBÜCHER.

Diese Bücher wurden allerdings nur in begrenzter Anzahl auf Deutsch produziert und sind deshalb teilweise nicht mehr erhältlich. Es lohnt sich dennoch, regelmäßig nachzuschauen, da es bei einigen Büchern bereits Nachschub gab. Ein weiterer guter Tipp sind die bekannten Online-Flohmärkte!

DIE „SCHRIFTEN" (BEGLEITBÜCHER)

In den „Schriften" („Shou") bekommen wir tiefere Einblicke in die Shinobi-Welt und Insiderwissen aus erster Hand. Wir erfahren mehr über einzelne Charaktere sowie über einige Jutsus. Diese Bücher werden in Guide Books und Fanbücher unterteilt. Erstere begleiten die Hauptgeschichte. Die Fanbücher enthalten ergänzende Informationen zu den Filmen.

Guide Books:

- „Die Schriften des Rin"
- „Die Schriften des To"
- „Die Schriften des Shou"
- „Die Schriften des Sha"
- „Die Schriften des Jin"

Fanbücher:

- „Die Schriften des Hyo"
- „Die Schriften des Kai"
- „Die Schriften des Retsu"
- „Die Schriften des Zai"

LIGHT NOVELS

Diese Romane basieren auf Ausschnitten des Mangas und bieten in der Regel eine detailliertere Darstellung eines Charakters. Die Texte wurden in Zusammenarbeit mit Kishimoto verfasst und sind daher als Teil des Canons anzusehen. Einige besonders beliebte Storys, wie beispielsweise die von Itachi, wurden sogar in die Anime-Serie integriert.

Info: Bei vielen Titeln kann man im Namen schon den Maincharacter der Geschichte erkennen. Bei unklaren Titeln bekommst du in Klammern eine kurze Info.

- „Unschuldiges Herz, blutroter Dämon" (Erster Arc von Naruto)
- „Die Geschichte eines unbeugsamen Ninjas" (Die Geschichte, die Jiraiya geschrieben hat)
- „Blood Prison – Die Rückkehr des Helden" (Buch zum gleichnamigen Film)
- „Naruto: Jinraiden – Der Tag des Wolfes" (Sasukes Zeit nach dem Kampf gegen Itachi)
- „Kakashi Hiden – Blitze im eisigen Himmel"
- „Shikamaru Hiden – Wolken, die in der Stille der Dunkelheit schweben"
- „Sakura Hiden – Liebesgedanken, getragen von einer Frühlingsbrise"
- „Konoha Hiden – Der perfekte Tag für eine Hochzeit"
- „Gaara Hiden – Eine Sandsturm-Illusion"
- „Akatsuki Hiden – Die reichlich blühenden Blumen des Bösen"
- „Itachi Shinden – Buch des strahlenden Lichtes"
- „Itachi Shinden – Buch der finsteren Nacht"
- „Sasuke Shinden – Buch des Sonnenaufgangs"

Light Novels, die sich bereits in der „Boruto"-Zeit abspielen:

- „Kakashi Retsuden – Der sechste Hokage und der Verlierer"
- „Sasuke Retsuden – Herr und Frau Uchiha und der Sternenhimmel"
- „Naruto Retsuden – Naruto und seine besten Freunde"

Light Novels, die sich in der „Boruto"-Zeit abspielen und demnächst auf Deutsch verfügbar sind:

- „Konoha Shinden – Yukemuri Ninpouchou" (Mirai, Kakashi und Gai)
- „Naruto Shinden – Oyako no Hi" (Eltern-Kind-Tag)
- „Sasuke Shinden – Shitei no Hoshi" (Sasukes mit Borutos Team)
- „Shikamaru Shinden – Maichiru Hana o Ureu Kumo" (Shikamaru und seine Familie)

ZEICHENBÜCHER

In den Zeichenbüchern veröffentlicht Kishimoto eine Sammlung der Farbcover der Mangas zusammen mit neuen ergänzenden Bildern. Darüber hinaus gibt er Tipps und Anleitungen, wie man seine Manga-Figuren am besten nachzeichnen kann.

- „Uzumaki“
- „Naruto“
- „Naruto Uzumaki“
- „Paint Jump: Art of Naruto“

ANIME-MANGAS

Die Anime-Mangas sind die Mangas zu den Kinofilmen von „Naruto“.

- „Naruto the Movie: Geheimmission im Land des ewigen Schnees“
- „Naruto the Movie: Die Legende des Steins Gelel“
- „Naruto the Movie: Sondermission im Land des Mondes“
- „Naruto Shippuden the Movie: Ein dunkles Omen“
- „Naruto Shippuden the Movie: Fesseln“
- „Naruto Shippuden the Movie: Die Erben des Willens des Feuers“
- „Naruto Shippuden the Movie: Lost Tower“

SPIN-OFF

Spannendes Abenteuer: Das witzige Spin-Off im Chibi-Stil von Rock Lee gestaltete Kenji Taira, einer der Assistenten von Kishimoto.

Das Spin-Off „Uchiha Sasuke no Sharingan Den“ dreht sich um Sasuke Uchiha und sein Team Taka. Bislang wurde es in Deutschland nicht veröffentlicht.

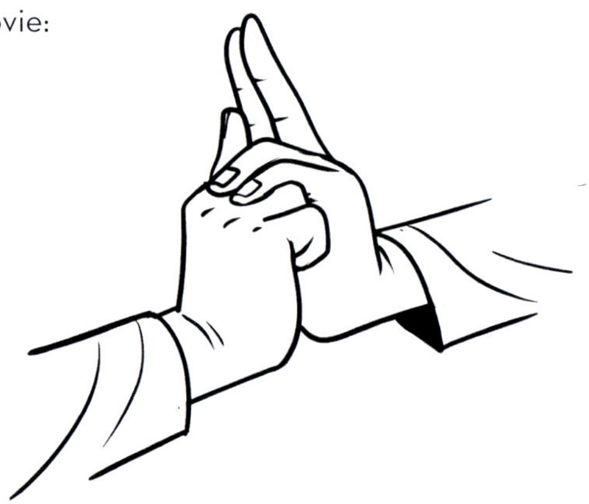

NARUTO INSIDE

ECHT JETZT!

DIE ULTIMATIVE NARUTO-PLAYLIST

Was wären die „Naruto"-Anime ohne ihre epische Hintergrundmusik? Die beiden Komponisten Toshio Masuda („Naruto") und Yasuharu Takanashi („Naruto Shippuden") haben wirklich Meisterwerke erschaffen. Selbst Jahre später lösen ihre Kompositionen pure Gänsehaut aus, und sofort kommen all die Erinnerungen hoch, die man mit Naruto verbindet! Die Openings sind in der Regel leicht zu finden, genauso wie die eigens für die Charaktere geschriebene Musik. Schwieriger wird es bei den Soundtracks. Deshalb bekommst du hier nun eine Liste mit den beliebtesten Soundtracks von „Naruto" und „Naruto Shippuden".

JAPANISCHE TITEL	ENGLISCHE TITEL
Ai To Hi	Sadness and sorrow
Akatsuki	Akatsuki Theme
Dokushinjutsu	Mind reading
Douten	Heaven Shaking
Genshi	Hallucination
Girei	The crying God
Hisou	Tragic
Hakubo	Nightfall
Keisei Gyakuten	Reverse Situation
Kenkonitteki	Risking it all
Kikyou	Homecoming
Kodoku	Loneliness
Kokon Musou	Unparalleled Throughout History
Kokuten	Sunspot
Kouchaku	Stalemate
Saika	Colorfull Mist
Samidare	Early summer rain
Senya	Many nights
Shippuden	Shippuden
Shutsujin	Departure to the front
Tomoie	My Friend
Utsusemi	Man oft he World
--	The Raising Fighting Spirit

„FREINDSCHAFT"
NARUTO UND SASUKE

DIE IDEE, EINEN RIVALEN IN DIE GESCHICHTE VON NARUTO EINZUFÜHREN, KAM VON REDAKTEUR KOSUKE YAHAGI. DAS ZIEL WAR ES, DER HANDLUNG MEHR DYNAMIK ZU VERLEIHEN. KISHIMOTO IST JEDOCH MIT SEINER WUNDERBAREN UMSETZUNG ETWAS NOCH BESSERES GELUNGEN!

Er gab den beiden Rivalen Naruto und Sasuke eine brüderliche Beziehung, die es schafft, die Fans zu berühren, ohne eine romantische Liebe darzustellen. Die beiden verstehen einander auch ohne Worte. Sie teilen das Schicksal, allein zu sein, und wissen genau, wie es dem anderen ergeht. Diese tiefe Verbundenheit hält sie trotz getrennter Wege und Rivalität zusammen und gibt Hoffnung. Aus diesem Grund verdient die wunderbare Beziehung auch einen Namen wie „Freindschaft" – Freund und Feind zugleich. Das spiegelt auch ihr Wesen wider. Die Frage bleibt, wie es Kishimoto gelang, diese „Freindschaft" so überzeugend umzusetzen.

DIE GESCHICHTE EINER WAHREN „FREINDSCHAFT"

Die Antwort auf diese Frage wollte auch ein Fan im Interview „Meet the Creator" in New York von Kishimoto wissen. Sie erkundigte sich, ob es in seinem Leben einen Rivalen gibt, der ihn ansporn, besser zu werden und neue Höhen in seiner Karriere zu erreichen. Ohne zu zögern und mit einem Lächeln auf den Lippen antwortete er, dass es natürlich diese Person gibt – nämlich Eiichiro Oda, der Mangaka von „One Piece"! Er fügte hinzu, dass es bei der „Weekly Shonen Jump" einen Insider gibt: Man schreibt mit Kanji „Rivale", liest es aber als „Freund". Dies sei eine sehr gute Möglichkeit, seine Beziehung zu Oda zu beschreiben.

WEITERE PARALLELEN ZWISCHEN SASUKE UND ODA SOWIE ZWISCHEN KISHIMOTO UND NARUTO:

1. Sasuke war zu Beginn der Serie ein echter Überflieger, genauso wie Oda in der Welt der Mangakas. Mit 17 Jahren gewann Oda bereits einen Preis der „Weekly Shonen Jump" für seine Kurzgeschichte „Wanted!".

2. Sasuke brach die Ausbildung zum Shinobi in Konoha ab und schloss sich Orochimaru an, um auf die schnellste Weise der stärkste Ninja zu werden. Ähnlich dazu brach Oda sein Studium ab und schloss sich als Assistent-Mangaka der „Weekly Shonen Jump" an, um seine eigene Karriere als Mangaka schneller voranzutreiben.

3. Naruto glaubt daran, dass es keine Abkürzung gibt, wenn man Hokage werden will. Auch Kishimoto ging direkt auf die Kunstschule, um seinen Traumberuf zu erreichen.

4. Um als Ninja anerkannt zu werden, trainiert Naruto intensiv. Kishimoto startete ebenfalls viele Versuche, bis einer seiner Mangas wirklich erfolgreich wurde.

„FREINDSCHAFT" NARUTO UND SASUKE

5. Naruto war zu Beginn der Geschichte eifersüchtig auf die Fortschritte von Sasuke. Kishimoto gibt in einem Interview zu, dass er ebenfalls eifersüchtig auf den gleichaltrigen Oda war, weil dieser mit seinem Manga „One Piece" bereits zwei Jahre vor ihm debütierte.

6. Sasuke vergleicht seine Stärke mit der von Naruto. Oda gibt zu, dass er sich immer der Anwesenheit Kishimotos bewusst war. Als „Naruto" im Fernsehen ausgestrahlt wurde, dachte Oda, dass er nun einen Rivalen hat.

7. Die beiden Shinobi arbeiten hart daran, sich gegenseitig zu übertreffen. Die beiden Mangaka geben alles, um den anderen zu übertrumpfen.

8. Die Rivalität zwischen Naruto und Sasuke führte dazu, dass beide unglaubliche Shinobi wurden. Bei Kishimoto und Oda hingegen verhalf die Rivalität beiden zu großem Erfolg ihrer Mangas.

GEWUSST?

Auch Kishimoto hat Oda einen kleinen Gruß geschickt. Auf einer der letzten Seiten im Kapitel 700+1 malt Boruto auf den Hokage-Felsen von Naruto das Zeichen der One-Piece-Piratenbande.

Letztlich gaben die beiden Mangaka in einem gemeinsamen Interview zu, dass sie sich bei Krankheit oder Ausfall des anderen stets um ihn sorgten, weil sie genau wussten, wie es ihm ergeht. Das Gefühl, allein zu sein mit dem enormen Druck für die Abgabefrist ihrer Kapitel, sowie die wenige Zeit, die sie für ihre Familien erübrigen, verband sie. Als dann „Naruto" nach über 15 Jahren endete, überraschte Oda die Fans beider Serien mit einem unerwarteten Cover für „One Piece" (Kapitel 766). Er hatte viele Anspielungen auf „Naruto" eingebaut sowie eine geheime Botschaft, die ungefähr „Danke für die harte Arbeit, Naruto" bedeutet. Oda sagte dazu, er habe sich wirklich einsam gefühlt, nachdem „Naruto" endete. Wie sehr diese Hommage Kishimoto berührt haben muss, ist allen bewusst, die Narutos stetigen Wunsch nach Anerkennung von Sasuke mitverfolgt haben.

„ICH GLAUBE DARAN: DASS ‚NARUTO' SO AUFGLÄNZEN UND ERFOLGREICH SEIN KONNTE, IST ‚ONE PIECE' ZU VERDANKEN. VIELLEICHT HABEN WIR UNS ÜBER DIE JAHRE GEGENSEITIG UNTERSTÜTZT UND GESTÄRKT UND UNS SO ZU UNSEREN BEIDEN ERFOLGEN GEFÜHRT, WEIL WIR DIESE RIVALITÄT HATTEN."

Masashi Kishimoto

ZENSUREN IM WESTEN

DASS „NARUTO" IM DEUTSCHSPRACHIGEN RAUM SO BELIEBT WERDEN KONNTE, GRENZT FAST SCHON AN EIN WUNDER. NICHT FALSCH VERSTEHEN, DIE SERIE IST GROSSARTIG! ALLERDINGS FÜHRTEN WILDE ZENSIERUNGEN DAZU, DASS NICHTS MEHR SINN ERGAB. ABER WAS WAR GESCHEHEN UND WIE KAM ES ÜBERHAUPT DAZU?

WIE ALLES IN AMERIKA BEGANN

Um „Naruto" für ein jüngeres Publikum zugänglich machen zu können, wurden in den USA die blutigen Kampfszenen retuschiert sowie Schimpfwörter in der Synchronisation abgemildert.

WAS EUROPA AUS DEM ANIME MACHTE

Im August 2005 lizenzierte Panini für einige europäische Länder, darunter Deutschland, den „Naruto"-Anime. Auch dieser Verlag war der Überzeugung, „Naruto" müsse entschärft werden. Als Vorlage nahm sich der Verlag also die bereits in den USA bearbeitete Version und zensierte nochmal mehr.

UND WIE „NARUTO" IN DEUTSCHLAND ENDETE

Und dann kam RTL 2: Schon vor der Premiere hatte der Sender angekündigt, weitere Zensierungen vorzunehmen. Die bereits doppelt zensierte Version wurde also ein drittes Mal zensiert. Während sich die beiden ersten Zensierungen hauptsächlich auf die Bilder und die Schimpfwörter konzentriert hatten, wurden nun auch Dialoge geändert. Dass sich dabei sogar der Sinn der Geschichte veränderte, wurde nicht beachtet. So war der Uchiha-Clan nicht mehr „ausgerottet", sondern er wurde „entführt". Todesdrohungen wurden ausgetauscht, also hörte man nun ein „Ich werde dich besiegen" statt „Ich werde dich töten". Das war natürlich nicht alles. Blut wurde schwarz, Zabuza streckte seine leeren Hände aus, statt sein Langschwert zu verwenden, und im Uchiha-Viertel waren die Leichen einfach wegradiert. Wenn es gar nicht anders ging, wurden Stellen sogar rausgeschnitten. Dadurch weichen auch die Episodenlängen voneinander ab. Der Grund für all das? Weil RTL 2 sonst aus Jugendschutzgründen „Naruto“ nicht im Nachmittagsprogramm ausstrahlen dürfte.

DIE RETTUNG

RTL 2 setzte mitten in der Handlung von „Naruto Shippuden“ die Serie ab. So kam KSM Anime an die Rechte der beiden „Naruto“-Serien. Alle nun produzierten Folgen wurden nicht mehr zensiert. Außerdem ließ KSM Anime darüber abstimmen, ob die falsch ausgesprochenen Namen in Zukunft korrigiert werden sollten. Sasuke spricht man eigentlich „Saske“ statt „Sasuuuke“ aus. Die überwiegende Anzahl der Fans hatte sich aber an „Sasuuuke“ gewöhnt, was das Ganze versöhnlicher machte.

Übrigens, die unzensierte deutsche Fassung erhielt durchgehend eine FSK-12-Freigabe, mit Ausnahme von zwei FSK-16-Folgen.

Tipp: Wer gerne Untertitel liest, kann alle „Naruto“-Folgen unzensiert bei den bekannten Anime-Streaming-Diensten anschauen. Zwar sind sie dort komplett in japanischer Sprache, aber zumindest ist nichts weggeschnitten und die Dialoge im Untertitel sind vollständig übersetzt.

GEWUSST?

Es gibt auch eine Szene im Manga, die aus Zensierungsgründen im Anime nicht übernommen wurde. Eigentlich hatte Konohamaru Narutos Sexy Jutsu erweitert. Im Manga posierten bei ihm nicht nur freizügige Frauen, sondern tatsächlich auch Sasuke und Sai in einer sehr innigen Pose, was bei Sakura zu Nasenbluten führte. Im Anime wurde diese Szene weggelassen.

WÖRTER, DIE ES NUR BEI „NARUTO" GIBT

BEI DER ÜBERSETZUNG VON MANGAS WIRD AUF DIE EINFACHE SCHREIBWEISE DER TEXTE UND DAS KURZE FORMAT DER SPRECHBLASEN GEACHTET. DIE HERAUSFORDERUNG LIEGT DANN DARIN, DEN CHARAKTER DES WERKES TROTZDEM NICHT ZU VERFÄLSCHEN.

Das allein ist schon eine wahre Herausforderung. Doch bei „Naruto" gab es noch weitere Fallstricke für die Übersetzer wie Wortneuschöpfungen, zweideutige Begriffe sowie die Namen der Jutsus, welche meist aus Kombinationen von Kanji (jap. Schriftzeichen) bestehen.

WÖRTER OHNE ECHTE ÜBERSETZUNGEN

Am Ende seiner Sätze hängt Naruto gerne ein „Dattebayo!" an, besonders wenn ihn etwas sehr bewegt. Das hat er von seiner Mutter geerbt, die ihre Sätze oft mit „Dattebane" beendete. Auch Boruto hat sich das angeeignet und sagt „Dattebasa!". „Dattebayo!" ist eine Wortneuschöpfung von Kishimoto. Deswegen lässt es sich nicht einfach übersetzen. Im deutschsprachigen Anime wurde es mit „Echt jetzt!" ersetzt, und im Englischen mit „Believe it!".

„Kore!"
Konohamarus Version von „Dattebayo!" wird im Deutschen situationsbedingt übersetzt. Meistens aber auch mit „Echt jetzt!" und im Englischen mit „Believe it!".

„Shannaro!"
Diese Wortneuschöpfung verwendet Sakura häufig, wurde im Deutschen allerdings zunächst einfach weggelassen, dann mit „Cha" und schließlich als „Shannaro!" belassen. Vor allem bei Kämpfen ruft Sakura dieses Wort häufiger. Im Englischen hat man sich auf „Oh Yeah!" geeinigt.

„Usuratonkachi!“
So nennt Sasuke im Japanischen Naruto – und das ständig! Es ist ein altmodisches japanisches Schimpfwort für „Idiot“, „Trottel“, „Taugenichts“. Im Deutschen (und im Englischen) wurde es situationsbedingt übersetzt, meist mit „Loser“, „Dummkopf“ oder „Vollidiot“. Die Aussprache des japanischen Schimpfwortes ähnelt Narutos Nachnamen Uzumaki. Es ist also kein Zufall, dass Sasuke dieses Wort für Naruto gewählt hat. Naruto selbst stellt sich in einer Folge vor Aufregung auch mit „Usuratonkachi“ statt mit „Uzumaki“ vor.

WÖRTER AUS DEM JAPANISCHEN

Es gibt jedoch auch Wörter, die nicht übersetzt wurden, weil sie einfach auf Deutsch zu lang und zu kompliziert auszusprechen sind:

„Shippuden“: Deutsch: „Die Legende der schnellwehenden Stürme“
Englisch: „Hurricane Chronicles“
„Rasengan“: Deutsch: „Spiralisierende Kugel“
Englisch: „Spiral Chakra Sphere“

FRAGWÜRDIGE ÜBERSETZUNGEN

Nicht optimal übersetzt wurden die Freisetzungen der Chakra-Elemente. Zunächst wurde „Versteck“ verwendet, z. B. Feuerversteck. In den späteren Folgen wurde dies jedoch zu „Freisetzung“ korrigiert, z. B. Feuerfreisetzung.

ÜBERSETZUNGSFEHLER

- Chiyo behauptet fälschlicherweise im deutschen Anime, dass Gaara ihr Enkel sei. Gaara heißt in der deutschen Übersetzung Gaara Sabakuno. Doch der richtige Nachname von Gaara und seinen Geschwistern ist nicht bekannt. „Sabaku no Gaara“ ist nur sein Spitzname und bedeutet „Gaara aus der Wüste“.
- Konohamaru wird fälschlicherweise als der frühere Name von Konohagakure angegeben. Dabei ist die korrekte Übersetzung von Konohamaru „Junge von Konoha“, bzw. „Junge vom Blatt“. Konohagakure hatte nie einen anderen Namen.

DAS DORF KONOHAGAKURE

Umgeben von hohen Bergen und dichtem Wald: Konohagakure, kurz **Konoha**, befindet sich in der Mitte des Feuerreichs (Hi-no-Kuni). Der Wald ist auch der Grund, warum es von Madara diesen Namen bekam. Übersetzt bedeutet Konohagakure „versteckt hinter den Blättern“. Es ist eines von fünf großen Ninja-Dörfern.

Dorf ist in unserem Sinne vielleicht die falsche Bezeichnung für Konoha, denn es wirkt eher wie eine Großstadt. Über dem Dorf ragen die Wahrzeichen, die **Hokage-Felsen**, auf. Sie symbolisieren den Schutz für die Bewohner. Direkt an ihrem Fuß erhebt sich das **Hokage-Gebäude**, der Sitz des Hogakes. Er ist das Oberhaupt der Ninjas. Im Gebäude sind die Schriftrollen über die verbotenen Jutsus sowie Geheimdokumente archiviert.

Eine weitere wichtige Einrichtung in Konoha ist die **Ninja-Akademie**, die dazu dient die Kinder des Dorfes zu starken Ninjas auszubilden. Die Idee zu dieser Schule gab es bereits vor der Gründung Konohas, denn der Wunsch, die Kinder auf diese Weise besser zu beschützen, damit sie nicht in jungen Jahren im Krieg sterben müssen, steht über allem.

Im **Krankenhaus** arbeiten neben den normalen Ärzten, wie wir sie kennen, auch Ninja-Ärzte. Diese haben eine spezielle Ausbildung erhalten. Außerdem ist ein Forschungsbereich an die Einrichtung angegliedert.

Die verschiedenen Restaurants, Imbisse, die vielfältigen Geschäfte und ein Kino bieten den Bewohnern Konohas zudem viele tolle **Unterhaltungsmöglichkeiten**.

NARUTO INSIDE

ECHT JETZT!

10 FAKTEN ÜBER DIE GRÜNDER DES DORFES KONOHA

1 Hashirama Senju, Madara Uchiha und Tobirama Senju werden von Fans weltweit als „Gründer-Trio“ bzw. „Founders-Trio“ bezeichnet. Nachdem der Senju-Clan und der Uchiha-Clan Frieden schlossen, gründeten sie gemeinsam das Shinobi-Dorf. Hashirama Senju wurde zum ersten Hogake.

2 Tobirama wird wegen den vielen Jutsus, die er im Laufe seines Lebens kreierte, „Jutsu-Erfinder“ genannt.

3 Sowohl Hashirama als auch Madara hatten ungewöhnliche Hobbys: Während sich Madara der Falknerei widmete, war Hashirama ein begeisterter Bonsai-Züchter und Bildhauer. Vielleicht kommt auch daher die Idee mit den Hokage-Felsen?

4 Tobirama Senju war 3,3 cm größer als Madara. Hashirama war 6,1 cm größer als Madara.

5 Madaras Geburtstag war der 24. Dezember.

6 Madara ist der einzige Mensch, der das Rinnegan selbst erwecken konnte.

7 Zu Tobiramas Schülern zählten einst Hiruzen Sarutobi, Homura Mitokado, Koharu Utatane, Kagami Uchiha sowie Torifu Akimichi.

8 Madara aß am liebsten Inarizushi (Tofu-Tasche mit Reisfüllung). Hashiramas Leibgericht war Reissuppe mit Pilzen.

9 In Hashiramas Amtszeit als erster Hokage gehörten mehrere Bijuu zum Dorf. Während der Friedensabkommen mit den anderen Reichen wollte Hashirama sie an die anderen Ninja-Dörfer verschenken, doch Tobirama hinderte ihn daran und schlug stattdessen vor, sie zu verkaufen. Sehr wahrscheinlich hat Konoha seinen Wohlstand Tobirama zu verdanken.

10 Der Tod Hashiramas ist ein Mysterium. Es ist nicht klar, wie er gestorben ist.

STECKBRIEFE DER HOKAGE

ES REICHT NICHT, DER STÄRKSTE ZU SEIN, UM HOKAGE (DT. „FEUERSCHATTEN") ZU WERDEN. DAS MUSSTE AUCH NARUTO LERNEN. DER HOKAGE MUSS NEBEN DEM SCHUTZ DES DORFES AUCH SÄMTLICHE MISSIONEN DER SHINOBI PLANEN UND AUFTEILEN, DAHER IST AUCH FÜHRUNGSSTÄRKE NOTWENDIG.

DIE ERSTE GENERATION: SHODAI HOKAGE

Name:	Hashirama Senju
Geburtstag:	23. Oktober
Sternzeichen:	Waage
Blutgruppe:	B
Größe:	185,1 cm
Lieblingsessen:	Reissuppe mit Pilzen
Hobbys:	Bonsai, Bildhauerei

DIE ZWEITE GENERATION: NIDAIME HOKAGE

Name:	Tobirama Senju
Geburtstag:	19. Februar
Sternzeichen:	Wassermann
Blutgruppe:	A
Größe:	182,3 cm
Lieblingsessen:	nicht bekannt
Hobbys:	nicht bekannt

DIE DRITTE GENERATION: SANDAIME HOKAGE

Name: Hiruzen Sarutobi
Geburtstag: 8. Februar
Sternzeichen: Wassermann
Blutgruppe: A
Größe: 163,1 cm
Lieblingsessen: Hijiki-Algen, Sardinen-Klößchen
Hobbys: Plaudern mit jungen Frauen

DIE VIERTE GENERATION: YONDAIME HOKAGE

Name: Minato Namikaze
Geburtstag: 25. Januar
Sternzeichen: Wassermann
Blutgruppe: B
Größe: 179,2 cm
Lieblingsessen: Kushinas Küche
Hobbys: Lesen (besonders Jiraiyas Romane)

DIE FÜNFTE GENERATION: GODAIME HOKAGE

Name: Tsunade Senju
Geburtstag: 2. August
Sternzeichen: Löwe
Blutgruppe: B
Größe: 163,1 cm
Lieblingsessen: Hühnerfleisch, Sake
Hobbys: Wetten

DIE SECHSTE GENERATION: ROKUDAIME HOKAGE

Name: Kakashi Hatake
Geburtstag: 15. September
Sternzeichen: Jungfrau
Blutgruppe: 0
Größe: 181 cm
Lieblingsessen: gekochte Makrelen, Miso-Suppe mit Auberginen
Hobbys: Lesen (besonders Icha-Icha-Romane)

DIE SIEBTE GENERATION: NANADAIME HOKAGE

Name: Naruto Uzumaki
Geburtstag: 10. Oktober
Sternzeichen: Waage
Blutgruppe: B
Größe: 170,5 cm
Lieblingsessen: Ramen
Hobbys: Streiche spielen, Pflanzenzucht

VORSICHT, NINJA!

Spoilerwarnung! Auf diesen Seiten werden die Steckbriefe der Hokage Nummer 1 – 7 aufgeführt. Lesen auf eigene Gefahr!

DIE VERSCHIEDENEN CLANS VON KONOHA

DAS DORF BESTEHT AUS VIELEN VERSCHIEDENEN SHINOBI-CLANS. WIE ES FÜR SHINOBI ÜBLICH IST, TEILEN SIE IHRE CLAN-GEHEIMNISSE NICHT MIT ANDEREN. AUS DIESEM GRUND BLEIBT VIELES MYSTERIÖS. WIR WAGEN DENNOCH EINEN VERSUCH, DIE CLANS VORZUSTELLEN!

DER ABURAME-CLAN

Dieser Clan ist der geheimnisvollste in Konoha. Seine Mitglieder verfügen über die einzigartige Fähigkeit, mit Käfern zu kommunizieren und sie zu kontrollieren. Schon kurz nach ihrer Geburt stellen sie sich den Insekten zur Verfügung, die sich im Körper des Wirts einnisten und sich von dessen Chakra ernähren dürfen. Im Gegenzug dazu lassen sich die Käfer bedingungslos kontrollieren. Aufgrund der Tatsache, dass Alkohol für die im Körper der Aburame lebenden Insekten äußerst schädlich ist, verzichten die Clan-Mitglieder gänzlich darauf. Alle Angehörigen des Clans bedecken ihre Augen und tragen Jacken mit hochgestellten Kragen.

DER HYUUGA-CLAN

Der Hyuuga-Clan gilt in Konoha als einer der gefürchtetsten, hauptsächlich aufgrund seines einzigartigen Bluterbes: dem Byakugan. Der Clan ist in eine Hauptfamilie und eine Nebenfamilie unterteilt. Die Hauptfamilie trägt die Verantwortung, das Geheimnis des Byakugan zu wahren. Die Kinder der Nebenfamilie, als die schwächere der beiden, erhalten im Alter von vier Jahren ein Bannmal namens Juin, das auf ihre Stirn gebrannt wird. Dieses Bannmal bedeutet so viel wie „ein Vogel im Käfig“. Durch geheime Fingerzeichen kann die Hauptfamilie das Siegel aktivieren und den Träger des Siegels töten. Die Aufgabe der Nebenfamilie besteht darin, die Mitglieder der Hauptfamilie zu schützen. Im Falle des Todes eines Nebenfamilienmitglieds wird sein Juin aktiviert und versiegelt das Byakugan des

Verstorbenen für immer. Dies erklärt, warum es im Vergleich zum Sharingan nur wenige Byakugan-Träger gibt, die nicht dem Hyuuga-Clan angehören. Die Hyuuga zeichnen sich durch lange dunkle Haare aus und tragen vorwiegend traditionelle Kleidung wie Yukata und Haori. Ihr Gesichtsausdruck ist stets sehr ernst.

DER AKIMICHI-CLAN

Die Abkömmlinge dieses Clans schätzen ein friedliches Leben und sind ihrem Dorf inbrünstig ergeben. Ihre Liebe zum Essen spiegelt sich in ihrem Erscheinungsbild wider. Ein robuster Körperbau ist entscheidend für die Ausübung ihrer Geheimkünste, wie z. B. dem Jutsu der Entfaltung, das enorme Mengen an Kalorien erfordert. Um ihren Energiebedarf zu decken, stellt der Akimichi-Clan spezielle Ninja-Nahrungspillen her und nutzt sie nach Bedarf. Diese Pillen steigern ihre Fähigkeiten. Allerdings werden die Nahrungspillen mit Bedacht eingenommen, da sie ernsthafte Nebenwirkungen haben können. Die Akimichi-Mitglieder sind zudem durch ihre bemalten Wangen leicht zu erkennen.

DER HATAKE-CLAN

Über den Hatake-Clan ist nur wenig bekannt, da bisher nur Kakashi und sein Vater als Mitglieder vorgestellt wurden. Offenbar sind sie seit vielen Jahren in Konoha ansässig. Der Hatake-Clan besaß ein besonderes Erbstück namens Hakkou Chakura Tou, was übersetzt so viel wie „weißes Chakra Kurzschwert“ bedeutet. Diese Tantou wurde von Generation zu Generation weitergegeben und strahlt weißes Chakra aus, wenn ein Hatake sie benutzt. Möglicherweise trägt Kakashis Vater, Sakuma Hatake, daher den Beinamen „Weißer Reißzahn von Konoha“ – oder auch wegen der weißen Haare, die auch Kakashi hat. Ob weiße Haare typisch für den Hatake-Clan sind, bleibt unklar.

DER INUZUKA-CLAN

Der Inuzuka-Clan zeichnet sich durch seine enge Bindung zu Hunden aus. Die Mitglieder können telepathisch mit ihren Hunden kommunizieren, besitzen einen ausgeprägten Geruchssinn und hören überdurchschnittlich gut. Zur Identifikation bemalen sie ihre Wangen mit Hundereißzähnen.

DER NARA-CLAN

Die Geheimkunst des Nara-Clans ist die Schattenmanipulation, weshalb klare Sonneneinstrahlung im Freien für ihre Kampftechniken entscheidend ist. Sie können ihren eigenen Schatten mit einem anderen Schatten verbinden, um eine größere Schattenfläche zu erzeugen, besonders effektiv bei tiefer stehender Sonne und längeren Schatten. Der Nara-Clan wird für einen hohen Intelligenzquotienten geschätzt, und sogar Tsunade greift auf ihre Heilbücher zurück. Übrigens züchtet der Nara-Clan Hirsche. Männliche Mitglieder tragen ihre Haare streng am Oberkopf gebunden.

DER SARUTOBI-CLAN

Dieser Clan gehört zu den ältesten von Konoha. Während der Gründung des Dorfes verkündete Hashirama seinem Verbündeten Madara, dass der Sarutobi-Clan sich ihnen anschließen möchte. Auf diese Neuigkeit reagierte Madara positiv überrascht. Diese Reaktion lässt erahnen, dass der Sarutobi-Clan schon immer ein sehr angesehener Clan gewesen ist. Der Name Sarutobi bedeutet wörtlich übersetzt „Affensprung“ und deutet darauf hin, dass die Mitglieder sehr flink und begabt sind. Auch wird Hiruzen von Tobirama einfach „Saru“, also „Affe“, genannt. Vielleicht liegt es aber auch an der Tatsache, dass Hiruzens vertrauter Geist Enma der König der Affen ist. Der Clan trägt Kleidung mit einem hohen Kragen.

DER SENJU-CLAN

Einst war der Senju-Clan auch als der „Der Tausend-Hände-Clan“ bekannt und gefürchtet, da die Mitglieder die meiste Erfahrung in Ninjutsu, Taijutsu und Genjutsu hatten. Das Oberhaupt Hashirama Senju meisterte zusätzlich das Mokuton (dt. „Holzfreisetzung“). Den Senju wird nachgesagt, dass sie übernatürlich viel Chakra besaßen. Ihre Alltagskleidung sowie die Kampfausrüstung erinnerten an die Samurai. Vor langer Zeit stießen sie zufällig auf Honigwein, den sie fortan für medizinische Zwecke, zur Energiegewinnung und beim Kochen einsetzten. Der Honigwein gilt als legendär und ist nicht regulär zu erwerben. Was aus dem Clan wurde, bleibt unklar. Das einzige lebende und bekannte Mitglied ist derzeit Tsunade.

DER SHIMURA-CLAN

Der Shimura-Clan, einer der ältesten in Konoha, schloss sich dem Dorf an, nachdem der Senju- und Uchiha-Clan es gegründet hatten. Das bislang einzige bekannte Mitglied dieses Clans ist Danzo Shimura. Es gibt bisher keine weiteren Informationen über diesen Clan.

DER UCHIHA-CLAN

Die Uchiha zählten einstzu den mächtigsten Clans Konohas und, ähnlich wie die Hyuuga, stammten sie von den Otsutsukis ab. Ihr früheres Oberhaupt, Madara Uchiha, war Mitbegründer von Konoha. Dank ihres Kekkei Genkai, dem Sharingan, genossen sie zahlreiche Vorteile im Kampf gegen Feinde. Zudem hüteten sie eine uralte Steintafel in ihrem Schrein, die persönlich von Rikudou-Sennin verfasst wurde. Aufgrund ihrer beeindruckenden Augenfähigkeiten und Stärke ernannte der zweite Hokage, Tobirama Senju, die Uchiha zur Polizei von Konoha. Doch die Uchiha befürchteten, dass dies nur eine Strategie war, um sie von der Dorfpolitik fernzuhalten. Dieses gegenseitige Misstrauen führte schließlich dazu, dass der Clan eines nachts von einem eigenen Mitglied ausgerottet wurde. Nur Sasuke Uchiha überlebte. Die typische Bekleidung der Uchihas war das Logo auf dem Rücken. Ihre Kleidung war meist in dunklen, gedeckten Farben gehalten und mit hohem Kragen versehen.

DER YAMANAKA-CLAN

Der Yamanaka-Clan beherrscht die einzigartige Geheimkunst des Shintenshin no Jutsu. Damit können die Mitglieder mit ihrem Geist in den Körper ihrer Feinde eindringen, um sie für eine bestimmte Zeit zu kontrollieren. Außerdem können sie mithilfe ihrer telepathischen Kräfte Kontakt mit anderen aufnehmen. Es wird vermutet, dass die meisten blonden Personen in Konoha dem Yamanaka-Clan angehören.

DIE NINJA-AKADEMIE

DIESE INSTITUTION WURDE VON TOBIRAMA SENJU, DEM ZWEITEN HOKAGE, GEGRÜNDET. 46 JAHRE SPÄTER WURDE SIE BEIM ANGRIFF DES NEUNSCHWÄNZIGEN FUCHSGEISTS SO SCHWER BESCHÄDIGT, DASS SIE GESCHLOSSEN WERDEN MUSSTE UND ERST IM FOLGENDEN JAHR WIEDER ERÖFFNET WERDEN KONNTE. HIER WERDEN NUN DIE SHINOBI DER KOMMENDEN GENERATION TRAINIERT.

DIE UNTERRICHTSEINHEITEN

Die Ausbildung in der Akademie ist in drei Schritte gegliedert:
Grundlagen: Festigung von Geist & Körper
Kampftraining: Erlernen von Ninja-Techniken
Anwendung: Vervollständigung der erlernten Fähigkeiten

DER WEG ZUM NINJA

1 Mit dem Besuch der Akademie werden die Kinder zu **Akademieschülern**. Vorher werden sie als **Anwärter** bezeichnet. Sobald sie die Grundlagen und das Kampftraining vollendet haben, folgt eine Prüfung. Nach dem Abschluss werden sie als **Genin** bezeichnet.

2 Genin werden jeweils zu dritt einem Ausbilder anvertraut und führen einfache Missionen aus.

3 Haben die Genin acht Missionen erfolgreich ausgeführt und stimmt ihr Ausbilder dann zu, können sie die Chunin-Auswahlprüfung absolvieren. Bestehen sie, bekommen sie offiziell den Titel des **Chunin**. Die Ausbildung kann hier abgeschlossen werden, denn Chunin können als Anführer von Ninja-Gruppen fungieren, Ausbilder in der Akademie werden oder in der Verwaltung arbeiten. Eine weitere Steigerung gibt es noch: die **Jonin**.

4 Die Jonin repräsentieren die Elite-Ninjas innerhalb eines Dorfes. Je größer die Anzahl der Jonin in einem Ninja-Dorf ist, desto mächtiger wird das Dorf wahrgenommen. Diesen Titel bekommt aber nur derjenige, der sowohl von den Bewohnern des Dorfes als auch vom Hokage als tauglich eingestuft wird.

NARUTO INSIDE

ECHT JETZT!

HAUSORDNUNG DER NINJA-AKADEMIE

Bist du bereit für eine Ausbildung als Ninja? Dann stimmst du diesen Regel auf dem Gelände der Institution bestimmt zu, oder?

1. Kritzeleien am Schulgebäude sind untersagt, insbesondere wenn diese lebendig werden!

2. Die Anwendung von Sexy-Jutsu gegen Lehrkräfte und höher Positionierte ist strengstens untersagt!

3. Das Aktivieren des Byakugan während Klassenarbeiten ist ausdrücklich verboten! Widrigkeiten werden abgemahnt!

4. Hinterlassenschaften von tierischen Begleitern müssen von ihren Menschen beseitigt werden!

5. Augentausch ist auf dem gesamten Schulgelände verboten! Eine schriftliche Erklärung seitens der Erziehungsberechtigten ist nicht gültig!

6. Schüler, die als Wirt für verschiedene Insekten dienen, sind zur Diskretion verpflichtet!

DORFGESCHICHTEN

KONOHA VERBINDET TRADITION MIT FORTSCHRITT, WÄHREND DER „WILLE DES FEUERS“ GENERATIONEN PRÄGT. ES IST DAS ZUHAUSE VIELER NINJAS, DIE UNTERSCHIEDLICHEN AUFGABEN NACHGEHEN. ENTDECKE NUN KONOHAS GEHEIMNISSE!

Vorbild für das Dorf Konoha war der Heimatort von Masashi Kishimoto. Ganz in der Nähe gibt es neben Truppenübungsplätzen und Militäreinrichtungen eine Kaserne für japanische Streitkräfte.

Der technische Entwicklungsstand von Konoha ist nicht einfach zusammenzufassen. So gibt es bereits das Fernsehen und Computer, jedoch keine Autos und Telefone. Allerdings verzichtete Masashi Kishimoto bewusst auf die Schusswaffen unserer Welt.

Laut „Konoha Hiden“ stellt es aufgrund seiner Größe eine enorme Anstrengung dar, das Dorf einmal zu umrunden.

Von Generation zu Generation wird „der Wille des Feuers“ (Hi no Ishi) in Konoha weitergegeben. Es bedeutet, dass ein echter Konoha-Shinobi sein Dorf lieben und schätzen soll. Er soll an das Dorf glauben und für es kämpfen, so wie es die Generationen vor ihm getan haben.

Neben den Hauptklassifikationen der Ninjas existieren weitere Kategorien, darunter die ANBU (Ansatsu Senjutsu Tokushu Butai; Deutsch: Spezialeinheit für Attentatstaktiken). Diese bilden eine Eliteeinheit, die direkt dem Kage unterstellt ist. Ihre Identität wird durch weiße, tierähnliche Masken verborgen. Oft verwenden sie falsche Namen und sind damit betraut, nicht nur Straftäter innerhalb der Ninja-Gemeinschaft zu verfolgen, sondern auch militärische Operationen und Attentate durchzuführen.

Medizin-Ninjas werden als Iyronin bezeichnet. Außerdem gibt es noch Koch- und Kurier-Ninjas.

Alle Ninjas, die das Dorf verlassen wollen, benötigen eine Genehmigung – außer man zählt zu ein paar Auserwahlten. Als Nukenin werden abtrünnige Ninjas bezeichnet. Das sind diejenigen, die sich aus dem Dorf weggestohlen haben und nicht wiederkamen.

Narutos Wohnung liegt im obersten Stock eines Wohnblocks in Konoha. Sein Zimmer ist eher spartanisch eingerichtet.

Das coolste Getränk Konohas ist „Karakuri". Es heißt genauso wie Kishimotos erster erfolgreicher Manga.

DAS ULTIMATIVE RAMEN!

RAMEN SIND DIE BELIEBTESTEN JAPANISCHEN NUDELN. DABEI STAMMEN SIE URSPRÜNGLICH AUS CHINA UND HABEN IHREN NAMEN AUS DEM CHINESISCHEN LA-MIEN, DAS „HANDGEZOGENE NUDELN“ BEDEUTET.

Wusstest du, dass Kishimoto auch am liebsten die Ramen von „Ichiraku“ aß? Tatsächlich gab es den Imbissladen, so wie er in „Naruto“ gezeichnet wurde, auf der japanischen Insel Kyushu in Takaoka, wo Kishimoto die Kunstuniversität besuchte. Dieser Imbissladen wurde 2014 geschlossen. Heute bietet die Filiale von „Ichiraku“ den Gästen Taschentücher, die mit verschiedenen „Naruto“-Charakteren verziert sind. Wer vor Ort ist, kann in anderen Ramen-Imbissläden in der Stadt auch Narutos Ramen probieren – das heißt dort dann tatsächlich so! Außerdem gibt es in der Nähe der Fukuoka Station ein paar gute Imbissbuden.

ES GIBT VIER GRUNDTYPEN VON RAMENSUPPEN:

1. **Shoyu-Ramen:** In klarer Brühe mit Sojasoße.
2. **Miso-Ramen:** Mit Miso gewürzte Brühe.
3. **Shio-Ramen:** Salzige, helle Brühe, die meist aus Fisch und Meeresfrüchten gekocht wird.
4. **Tonkotsu-Ramen:** Sehr helle, trübe Brühe, die aus Schweineknochen gekocht wird.

GEWUSST?

Wusstest du, dass es neben den vier bekannten Geschmacksrichtungen süß, salzig, sauer und bitter auch eine fünfte namens „umami“ gibt? Im Jahre 2000 wurde sie wissenschaftlich nachgewiesen. Das Wort „umami“ stammt aus dem Japanischen und bedeutet so viel wie „wohlschmeckend“, „köstlich und würzig“.

ICHIRAKU-IMBISS – EINE PORTION RAMEN MIT VIEL LIEBE, BITTE!

Bei dem Gedanken an die Ramen von Teuchi läuft Naruto das Wasser im Mund zusammen. Nicht umsonst schlürft er am liebsten seine Nudelsuppe in diesem Lokal, dem Ichiraku-Imbiss – dem beliebtesten Imbiss in ganz Konoha.
Durch die Verwendung von 15 sorgfältig ausgewählten Zutaten wird ein beeindruckender Geschmack kreiert. Die Brühe enthält viele Nährstoffe, aber auch gesunde Fette und Vitamine.

Teuchis größte Fans sind wir! Als Zuschauer der „Naruto"-Serie schließt man den Besitzer des Imbissladens schnell ins Herz, denn Teuchi gehört zu den wenigen Personen, die in Naruto nicht nur das Fuchsungeheuer sehen, sondern auch ein einsames Waisenkind, das sich mit dem Hass der Dorfmenschen auseinandersetzen muss. Teuchi übt seinen Beruf als Koch mit viel Leidenschaft aus. So fiel es ihm auch nicht schwer, dem kleinen Naruto eine Schüssel Ramen auszugeben. Seitdem kommt Naruto zum Essen am liebsten hierher und bekommt neben der wärmenden Nudelsuppe auch Trost.

GEWUSST?

Narutomaki darf in keinem Ramen fehlen! Es ist eine Art gehärtete Fischpastete, die einen rosafarbenen oder organenen Strudel hat – genau wie der Wirbel auf Narutos Stirnband.

„MEIN HOBBY IST, VERSCHIEDENE ARTEN VON RAMEN ZU ESSEN UND DIESE DANN MITEINANDER ZU VERGLEICHEN."

Naruto

Zudem wird in „Konoha Hiden" erklärt, dass Naruto mit seinem breiten Lächeln und seiner Leidenschaft für die Ichiraku-Ramen Teuchi immer mehr ans Herz gewachsen sei.

Übrigens, Teuchi und seine Tochter Ayame hatten bereits das Vergnügen, Kakashi ohne Maske zu sehen. Sie beide haben darauf mit strahlenden Augen und roten Wangen reagiert!

NARUTOS REZEPT FÜR RAMEN

(4 PORTIONEN)

ES IST, WIE ES IST, ICHIRAKU-RAMEN BLEIBEN EIN FAMILIENGEHEIMNIS! ABER NICHT TRAURIG SEIN, DENN HIER GIBT ES EINE SUPERKÖSTLICHE VARIANTE MIT ZUTATEN, DIE ZUDEM LEICHT ZU BESORGEN SIND. DAS ASIA-REGAL VON REWE ODER EDEKA IST HIER EINE GUTE ANLAUFSTELLE!

FÜR DIE SUPPE:

1 Stück Ingwer
1 Chilischote
1 große Knoblauchzehe
2 EL Kokosöl
Sojasoße
1 EL Brauner Zucker
2 EL Misopaste
1 TL rote oder grüne Currypaste
5 EL Erdnussbutter (optional)
1,5 L Gemüsebrühe

FÜR DAS GEMÜSE:

2 Karotten
1 Pak Choi
2 Frühlingszwiebeln
250 g Champignons
200 g Erbsen

Tipp: Die Suppe eignet sich hervorragend zur Resteverwertung! Naruto isst sein Ramen am liebsten mit Schweinefleisch. Das kannst du auch hinzugeben.

FÜR DIE NUDELN:

500 g Ramen-Nudeln
Tipp: Diese kann man auch ganz einfach selbst machen!

FÜR DAS TOPPING:

150 g Narutomaki (aus dem Asia-Markt)
3 gekochte und gepellte Eier (optional)
Sesam

1. Schneide zuerst den geschälten Ingwer in feine Scheiben. Entkerne dann die Chili und hacke sie klein. Nun schälst du den Knoblauch und drückst ihn durch eine Knoblauchpresse oder zerhackst ihn ebenfalls.

2. Danach erhitzt du das Kokosöl in einem großen Topf. Gib den Ingwer, die Chili und den Knoblauch hinzu und röste alles kurz an. Lösche das Ganze dann mit einem kräftigen Schwung Sojasoße kurz ab.

3. Rühre nun den Zucker, die Misopaste, die Currypaste und optional die Erdnussbutter unter, bis alles zu einer Masse zusammengerückt ist. Fülle nun die Gemüsebrühe hinzu und lass' die Suppe etwa 20 Minuten köcheln.

4. Währenddessen kannst du das Gemüse schnippeln! Die Karotten schälst du am besten mit einem Gemüseschäler in feine Streifen. Den Pak Choi kannst du wie die Champignons auch in feine Streifen schneiden. Die Frühlingszwiebeln zerhackst du. Das Narutomaki schneidest du auch in Scheiben. Falls du dich für Eier entschieden hast, kannst du nach dem Schnippeln die Eier kochen.

5. Nach den 20 Minuten zuerst die Erbsen in die Suppe werfen. Nach 2 Minuten das restliche Gemüse sowie die Nudeln für weitere 3 Minuten hinzugeben und köcheln lassen.

6. Nun kannst du die Suppe in vier Schüsseln geben, die halbierten Eier auf die Suppe legen und mit Sesam überstreuen. FERTIG!

GEWUSST?
Die ultimative Ramen-Königin ist übrigens Hinata. Ihr Rekord liegt bei 46 Portionen!

DIE WELT DER SHINOBI

DIE WELT, IN DER DIE GESCHICHTE UM NARUTO SPIELT, HAT KEINEN BESTIMMTEN NAMEN, WIRD JEDOCH GERNE (AUCH IN DER SERIE) ALS „DIE SHINOBI-WELT“ BEZEICHNET. GRUNDSÄTZLICH IST SIE EINE FANTASIEWELT, ALLERDINGS STARK AN DAS MITTELALTERLICHE JAPAN ANGELEHNT.

Im mittelalterlichen Japan gab es auch ein Feudalstaaten-System sowie ähnliche kriegerische Auseinandersetzungen. Die Shinobi-Welt teilt sich in verschiedene Reiche auf, die in der Regel von jeweils einem Feudalherren regiert werden.

DIE NINJA-DÖRFER

Die Geschichte der Ninja-Dörfer in der Shinobi-Welt begann, als Ninja-Clans sich aus den Städten zurückzogen und ihre eigenen Siedlungen gründeten. Die starken Ninjas gewährten auch den Zivilisten in den Dörfern Schutz, sogar in Kriegszeiten. Deswegen zogen immer mehr Menschen hinzu. Im Laufe der Zeit schlossen sich weitere Clans an, und aus den Dörfern wurden ganze Großmächte. Sie gingen eine Symbiose mit den Feudalherren ein: Die Ninja-Clans boten Schutz und unterstützten die Feudalherren bei Konflikten in anderen Ländern. Im Gegenzug erhielten die Clans finanzielle Unterstützung.

DIE MISSIONEN

Die Ninja-Dörfer sorgen gleich für mehrere Einnahmequellen. Wenn gerade kein Krieg herrscht, beschäftigen sich die Ninjas mit Aufträgen von Privatleuten, die sie sich natürlich teuer bezahlen lassen. Dabei teilen sie diese Missionen in fünf verschiedene Kategorien (A- bis D-Rang & S-Rang) ein. Aufträge des S-Rangs sind z. B. gefährliche Attentate, die meist von Jonin oder Spezialeinheiten ausgeführt werden. Genin hingegen kümmern sich um einfachste Missionen (D-Rang) wie z. B. Unkraut jäten.

Jedes Ninja-Dorf hat ein Symbol, welches die Ninjas auf einem Stirnband tragen, damit man ihre Herkunft erkennt.

KATEGORIE	MISSION	NINJA
S-Rang	Geheimaufträge wie Attentate	Spezialeinheit, Jonin
A-Rang	Schutz des Dorfes	Jonin
B-Rang	Auftrag mit Kampf	Chunin (erfahren)
C-Rang	Auftrag mit Verletzungsgefahr	Genin (erfahren), Chunin
D-Rang	Einfache Arbeiten ohne Kampf	Genin

SHINOBI GODAIKOKU

DIE 5 GROẞMÄCHTE DER SHINOBI-WELT

DIE REICHE FEUER, WIND, WASSER, DONNER UND ERDE BEHERRSCHEN DIE WELT VON „NARUTO" – IHRE NINJA-DÖRFER KONOHAGAKURE, SUNAGAKURE, IWAGAKURE, KUMOGAKURE UND KIRIGAKURE SIND DIE MÄCHTIGSTEN. HIER KANNST DU DIR EINE KURZE ÜBERSICHT ZU DEN LÄNDERN UND IHREN NINJA-DÖRFERN ANSCHAUEN!

FEUER-REICH

Jap. Hi-no-Kuni

Ninja-Dorf: Konohagakure (dt. das Dorf versteckt hinter den Blättern)
Kage des Dorfes: Hokage (dt. Feuerschatten)
Landschaft: hügelig, grün, ertragreiche Böden

WIND-REICH

Jap. Kaze-no-Kuni

Ninja-Dorf: Sunagakure (dt. das Dorf versteckt unter dem Sand)
Kage des Dorfes: Kazekage (dt. Windschatten)
Landschaft: karge Wüste, Dörfer um Oasen

WASSER-REICH

Jap. Mizu-no-Kuni

Ninja-Dorf: Kirigakure (dt. das Dorf versteckt im Nebel)
Kage des Dorfes: Mizukage (dt. Wasserschatten)
Landschaft: bergige Inseln

DONNER-REICH

Jap. Kaminari-no-Kuni

Ninja-Dorf: Kumogakure (dt. das Dorf versteckt hinter den Wolken)
Kage des Dorfes: Raikage (dt. Donnerschatten)
Landschaft: Bergkette, Flüsse, kurvenreiche Küste, heiße Quellen

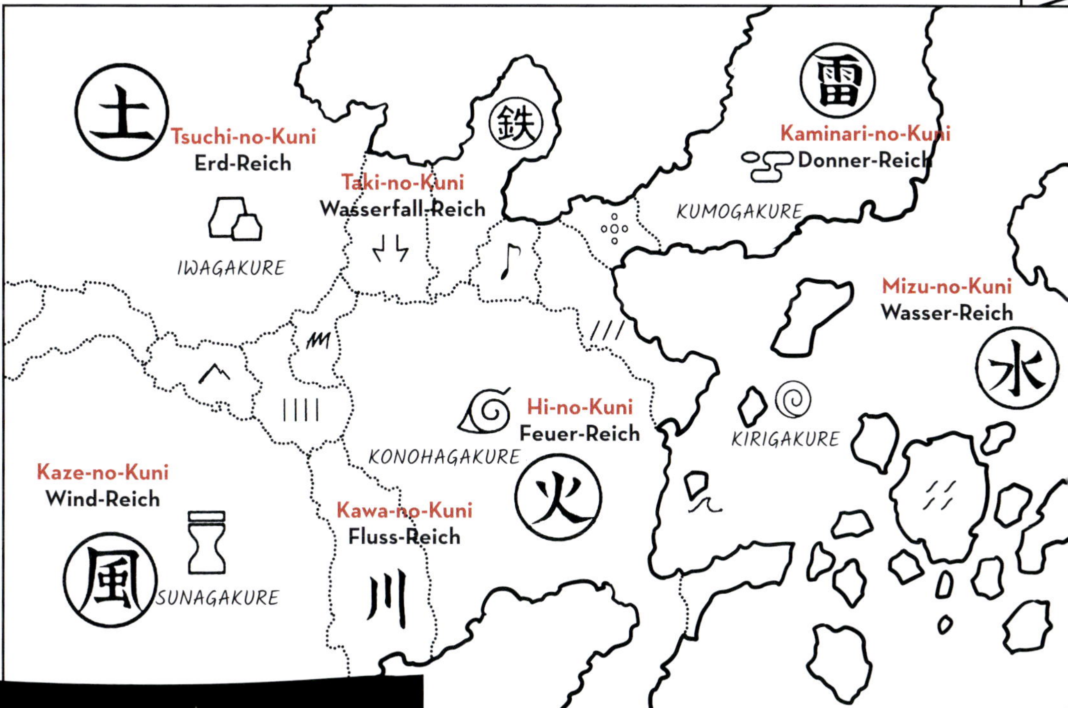

GEWUSST?

- Das Donner-Reich wird im Deutschen fälschlicherweise als Blitz-Reich übersetzt.
- Der Felsregen im Erd-Reich trifft keinesfalls das eigene Land, sondern aufgrund der starken Winde dort immer die Nachbarländer.
- Das Wind-Reich hat trotz seiner kargen Landschaft und der harten Lebensbedingungen eine hohe Bevölkerungszahl.

土

ERD-REICH

Jap. Tsuchi-no-Kuni

Ninja-Dorf: Iwagakure (dt. das Dorf versteckt hinter den Felsen)
Kage des Dorfes: Tsuchikage (dt. Erdschatten)
Landschaft: umgrenzendes Felsmassiv, felsig und steinig

NARUTOS FREUNDE

DIE GESCHICHTE VON NARUTO IST GEPRÄGT VON TIEFEN FREUNDSCHAFTEN, DIE DAS HERZ DER HANDLUNG BILDEN. SEINE ENGSTEN VERBÜNDETEN, DARUNTER SASUKE, SAKURA UND KAKASHI, FORMEN EIN UNVERGESSLICHES TEAM. SICHERLICH KENNST DU SIE ALLE!

サクラ

SASUKE UCHIHA

Geburtstag: 23. Juli
Sternzeichen: Löwe
Blutgruppe: AB
Stärke: Klassenbester der Akademie
Hobbys: Trainieren und Spazierengehen
Isst am liebsten: Onigiri (Sushi) & Tomaten
Isst nicht: Natto (fermentierte Sojabohnen) & Süßigkeiten
Außerdem: Er wurde nach dem Vater des dritten Hokage, Sasuke Sarutobi, benannt.

SAKURA HARUNO

Geburtstag: 28. März
Sternzeichen: Widder
Blutgruppe: 0
Stärke: Stärkster Chunin (und stärkstes Mädchen) ihres Jahrgangs
Hobbys: Quizze lösen und Texte auswendig lernen
Isst am liebsten: Reisbällchen mit Pflaumen und Sirup
Isst nicht: Scharfes

SHIKAMARU NARA

Geburtstag: 22. September
Sternzeichen: Jungfrau
Blutgruppe: AB
Stärke: Mit einem IQ von über 200 kann er blitzschnell Hunderte Strategie-Möglichkeiten abwägen.
Hobbys: Wolken beobachten, Shogi (jap. Schachvariante) und Mittagsschlaf
Isst am liebsten: Miso-Makrelen & Essig-Algen
Isst nicht: hartgekochte Eier
Außerdem: Naruto gab ihm den Spitznamen „Guchitare-Obaka“. Auf Deutsch heißt das „Mecker-Idiot“.

CHOUJI AKIMICHI

Geburtstag: 01. Mai
Sternzeichen: Stier
Blutgruppe: B
Stärke: Essen, Müßiggang
Hobbys: Snacks einkaufen
Isst am liebsten: Fleisch & Chips
Isst nicht: alles Verdorbene
Außerdem: Er ist Mitglied des Akimichi-Clans in der 16. Generation.

HINATA HYUUGA

Geburtstag: 27. Dezember
Sternzeichen: Steinbock
Blutgruppe: A
Stärke: Trainiert ehrgeizig
Hobbys: Blumen sammeln & pressen
Isst am liebsten: Zimtrollen & süße Bohnensuppe
Isst nicht: Shrimps & Krebse
Außerdem: Sie ist in Naruto verliebt und wird in seiner Nähe ziemlich nervös.

KIBA INUZUKA

Geburtstag: 07. Juli
Sternzeichen: Krebs
Blutgruppe: B
Stärke: Außerordentlicher Geruchssinn
Hobbys: Spazierengehen mit Akamaru
Isst am liebsten: Fleisch, insbesondere Dörrfleisch
Isst nicht: alles Weiche

SHINO ABURAME

Geburtstag: 23. Januar
Sternzeichen: Wassermann
Blutgruppe: AB
Stärke: Pokergesicht
Hobbys: Ökologie, Insektenkunde
Isst am liebsten: Salat wie Wildgrassalat, Zucchini & Wintermelone
Isst nicht: alles, was stark riecht

ROCK LEE

Geburtstag: 27. November
Sternzeichen: Schütze
Blutgruppe: A
Stärke: Tai-Jutsu-Genie
Hobbys: Trainieren
Isst am liebsten: Scharfes Curry
Isst nicht: Er isst alles!
Außerdem: Schrägerweise kann er laufen und kämpfen, während er schläft oder sogar ohnmächtig ist.

GAARA

Geburtstag: 19. Januar
Sternzeichen: Steinbock
Blutgruppe: AB
Stärke: kann Sand kontrollieren
Hobbys: Kakteen züchten
Isst am liebsten: gegrillte Rinderzunge & Hühnermägen
Isst nicht: Yacón (ähnlich zur Süßkartoffel) & Marron glacé (franz. Süßigkeit)
Außerdem: Die Narbe auf seiner Stirn hat er sich selbst zugefügt und bedeutet Liebe.

NEJI HYUUGA

Geburtstag: 03. Juli
Sternzeichen: Krebs
Blutgruppe: 0
Stärke: Tai-Jutsu-Spezialist
Hobbys: Meditieren
Isst am liebsten: Soba mit Hering
Isst nicht: Kürbis

GEWUSST?

In vielen Schlüsselmomenten der Serie wird die Kraft der Freundschaft betont. Insbesondere Narutos Talent, selbst die härtesten Gegner zu beeinflussen und zu verändern, basiert oft auf seiner Fähigkeit, Freundschaften zu schließen und Menschen zu verstehen.

カカシ

TENTEN

Geburtstag: 09. März
Sternzeichen: Fisch
Blutgruppe: B
Stärke: Fernkampf
Hobbys: Wahrsagen
Isst am liebsten: Chinesisch & Sesam-Knödel
Isst nicht: eingelegte Pflaumen
Außerdem: Kishimoto ist besonders stolz auf ihr Design.

SPOILER

Kakashi Hatake als Mitglied von Team 7 wird auf Seite 53 als Hokage vorgestellt.

NARUTO INSIDE

Mit über 250 Millionen verkauften Exemplaren gehört „Naruto“ zu den Top 10 der meistverkauften Mangas aller Zeiten. Auf Platz 1 liegt unangefochten „One Piece“ mit 517 Millionen Exemplaren.

In Japan gibt es seit 2015 ein großartiges „Naruto“-Musical inklusive toller choreographischer Kampfszenen. Viele berühmte japanische Musicaldarsteller wurden extra dafür gecastet.

Durch die weltweite Popularität von „Naruto“ hat die Serie einen erheblichen Einfluss auf die Cosplay-Gemeinschaft. Naruto selbst, mit seiner markanten Ninja-Uniform und seinem Stirnband, ist zu einer Ikone im Bereich Cosplay geworden. Sein Charakter zählt immer zu den Top 10 der beliebtesten Kostüme.

Kishimoto erhielt zahlreiche Auszeichnungen zu „Naruto“, darunter folgende:

Shogakukan Manga Award (1999)
Animage Anime Grand Prix (mehrmals)
Japan Expo Awards (2006)
Quill Awards (2006)
American Anime Awards (2007)
Peng-Preis! (2009)
Nikkan Sports Film Award (2014)

Inspiration „Dragon Ball Z“: Wer genau hinschaut, erkennt einige Parallelen zwischen den beiden Mangas in Charakterdesign, Freundschaft und Abenteuerlust. Kishimoto ließ sich von diesem Werk inspirieren.

Seishi Kishimoto, der Zwilllingsbruder von Masashi, ist ebenfalls ein Mangaka. Bekannt ist er für die Reihe „666 Satan“ (engl. „O-Parts Hunter“). Darin begleitet man Ruby auf ihrem Weg eine Schatzjägerin zu werden. Unbedingt lesen, wer Gelegenheit dazu hat! Ins Deutsche wurde der Manga bisher nicht übersetzt.

DEIN NINJA-CHARAKTER

IN DIR STECKT BESTIMMT AUCH EIN GUTER NINJA! WIE WÜRDEST DU AUSSEHEN? MALE DIR HIER DEIN EIGENES GEWAND UND DEINE EIGENE FRISUR! FÜLLE DANN NOCH DEINEN STECKBRIEF AUS!

NINJA-NAME:

Geburtstag: ______________________

Sternzeichen: ______________________

Blutgruppe: ______________________

Stärke: ______________________

____

Hobbys: ______________________

____

Isst am liebsten: ______________________

____

Isst nicht: ______________________

____

Außerdem: ______________________

ITACHIS REZEPT
HANAMI DANGO

ITACHIS LIEBLINGS-DANGO HEISST SANSHOKU DANGO UND WIRD IN JAPAN TRADITIONELL (MEIST) VON PAAREN ZUR HANAMI-SAISON GEGESSEN, AUCH BEKANNT ALS SAKURA-ZEIT – DIE KIRSCHBLÜTENZEIT! DIE SÜSSEN REISKUGELN AUF HOLZSPIESSEN SYMBOLISIEREN DIE FARBEN DER KIRSCHBLÜTEN: ROSA FÜR DIE BLÜTEN, WEISS FÜR DIE ÄSTE, GRÜN FÜR DIE BLÄTTER.

100 g Klebreismehl
100 g Reismehl
180 ml Wasser
rote Lebensmittelfarbe
1 TL Koch-Matcha
12 Holzspieße

1. Verrühre Klebreismehl und Reismehl in einer Schüssel. Gib nach und nach ca. 180 ml Wasser dazu und verarbeite alles zu einem festen Teig.
2. Den Teig teilst du anschließend in drei gleich große Portionen. Die erste Portion färbst du mit einem Tropfen roter Lebensmittelfarbe ein und knetest sie gut durch. Die zweite Portion verknetest du mit dem Matchapulver. Die dritte Portion belässt du in natura.
3. Nun teilst du jede Teigportion in 12 gleich große Kugeln.
4. In einem großen Topf bringst du dann Wasser zum Kochen und lässt bei mittlerer Hitze alle Teigkugeln einer Farbe 5 Minuten zusammen köcheln, bis sie im Wasser aufsteigen.
5. Schrecke danach die Kugeln in einer Schüssel kurz ab und lass sie auf Küchenpapier abtropfen.
6. Wenn alle Kugeln gekocht und abgekühlt sind, kannst du sie abwechselnd auf Spieße stecken. FERTIG!

ECHT JETZT!

NARUTO INSIDE

Eigentlich sollte der dritte Hokage ein Hund sein. Richtig gehört, ein Hund! Als Nin-Ken von Tobirama Senju sollte er zum Oberhaupt gewählt werden, weil er so stark war. Da diese Idee allerdings nicht ins Konzept passte, entschied sich Kishimoto noch vor Serienstart dagegen.

Nejis Bannmal sieht im Anime anders aus als im Manga. Aufgrund der Ähnlichkeit mit dem Hakenkreuz wurde die Figur für den Anime geändert.

Wieso wurde Naruto nach der Ramen-Spezialität Narutomaki benannt? Ursprünglich sollte er überhaupt kein Ninja werden, sondern ein Ramen-Koch in Ausbildung. Von dieser ersten Idee blieb nur noch seine Leidenschaft für Ramen.

Auf die Frage, wen Masashi Kishimoto heiraten würde, wenn er eine Frau wäre, antwortet er: „Shikamaru. Er ist intelligent und bringt es sicher zu was."

Im Buch „Itachi Shinden" beginnt die Ausrottung des Uchiha-Clans mit dem Tod von Itachis Freundin Izumi Uchiha und ihrer Mutter. Dabei erzeugt Itachi ein mächtiges Tsukuyomi, in dem Izumi ihr Leben im Schnelldurchlauf lebt – als seine Ehefrau und Mutter ihrer gemeinsamen Kinder.

Laut eigener Aussage soll Kishimoto nach der Einführung von Pain nicht mehr gewusst haben, wie es weitergehen soll.

Kakashi ist zwar als Kopier-Ninja bekannt, weitaus beeindruckender ist allerdings sein A-Rang-Nin-Jutsu Chidori. Übersetzt bedeutet das so viel wie „der Klang von tausend Vögeln".

AKATSUKI – DIE ANTAGONISTEN

SCHWARZER UMHANG MIT ROTEN WOLKEN UND EIN RING AM FINGER: DIE ZEHN AKATSUKI-MITGLIEDER SIND LEICHT ZU ERKENNEN. AKATSUKI IST EINE NINJA-ORGANISATION, DIE AUS NINJAS BESTEHT, DIE IHR DORF VERLASSEN HABEN. JEDES MITGLIED HAT SEINE EIGENE BESONDERE VERGANGENHEIT, DIE NACH UND NACH ENTHÜLLT WIRD. ERFAHRE HIER SPANNENDE FAKTEN ÜBER DIE AKATSUKI!

Akatsuki bedeutet Morgendämmerung. Der Begriff soll den Beginn einer neuen Welt des Friedens symbolisieren und damit das Ende des Krieges.

Die roten Akatsuki-Wolken repräsentieren das vergossene Blut. Als die Organisation gegründet wurde, trugen ihre Mitglieder diese Symbole noch nicht auf ihren Gewändern. Diese Kennzeichnung wurde erst nach dem Tod eines der Gründungsmitglieder eingeführt.

Früher setzte sich Akatsuki nicht aus abtrünnigen Ninjas zusammen; stattdessen waren die Mitglieder Menschen aus Amegakure, die sich für das Gute und für Frieden einsetzten.

Sichtbar war das an ihren Stirnbändern, die zu jener Zeit keine durchgestrichene Dorfsymbole trugen. Erst nachdem sich der Pakt mit dem Anführer von Amegakure als eine Falle entpuppte, wurden sie zu Abtrünnigen.

Jedes Akatsuki-Mitglied trägt einen Ring an einem anderen Finger. Möglicherweise zeigen die Ringe die Positionen, bei denen sie sich an der Gedou Mazou Statue aufreihen sollen. Sicher ist das nicht. Die Inschriften der Ringe weisen allerdings auf chinesische Sternenkonstellationen hin.

Alle Akatsuki-Mitglieder haben lackierte Finger- und Fußnägel. Leider wird nirgends erwähnt, warum.

STECKBRIEFE DER MITGLIEDER

ITACHI UCHIHA

Geburtstag: 09. Juni
Sternzeichen: Zwilling
Blutgruppe: AB
Herkunft: Konohagakure
Ringposition: Rechter Ringfinger
Ringfarbe: Rot
Isst am liebsten: Reisbällchen & Salat
Isst nicht: Steak
Hobby: Besuch von Confiserien

KISAME HOSHIGAKI

Geburtstag: 18. März
Sternzeichen: Fische
Blutgruppe: AB
Herkunft: Kirigakure
Ringposition: Linker Ringfinger
Ringfarbe: Gelb
Isst am liebsten: Garnelen & Krabben
Isst nicht: Haifischflossen
Hobby: das Schwert Samehada

SASORI

Geburtstag: 08. November
Sternzeichen: Skorpion
Blutgruppe: AB

Herkunft: Sunagakure
Ringposition: Linker Daumen
Ringfarbe: Violett
Isst am liebsten: unbekannt
Isst nicht: unbekannt
Hobby: Marionettensammler

DEIDARA

Geburtstag: 05. Mai
Sternzeichen: Stier
Blutgruppe: AB
Herkunft: Iwagakure
Ringposition: Rechter Zeigefinger
Ringfarbe: Blaugrün
Isst am liebsten: Oden-Bombe
Isst nicht: Maze-Gohan (gemischter Reis)
Hobby: Explosionen

HIDAN

Geburtstag: 02. April
Sternzeichen: Widder
Blutgruppe: B
Herkunft: Yugakure
Ringposition: Linker Zeigefinger
Ringfarbe: Orange
Isst am liebsten: Spareribs
Isst nicht: Vegetarisches, insbesondere Gemüse
Hobby: Jashin-Religion

OROCHIMARU (EHEMALIGES MITGLIED)

Geburtstag: 27. Oktober
Sternzeichen: Skorpion
Blutgruppe: B
Herkunft: Konohagakure
Ringposition: Linker kleiner Finger
Ringfarbe: Blaugrün
Isst am liebsten: Ei
Isst nicht: kalte Gerichte
Hobby: Entdeckung neuer Künste

TOBI

Geburtstag: 10. Februar
Sternzeichen: Wassermann
Blutgruppe: 0
Herkunft: Konohagakure
Ringposition: Linker Daumen

Ringfarbe: Violett
Isst am liebsten: unbekannt
Isst nicht: unbekannt
Hobby: Deidara begleiten

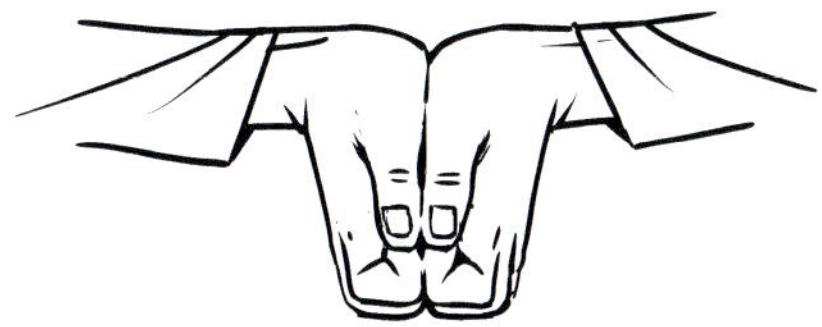

KAKUZU

Geburtstag: 15. August
Sternzeichen: Löwe
Blutgruppe: A
Herkunft: Takigakure
Ringposition: Linker Mittelfinger
Ringfarbe: Dunkelgrün
Isst am liebsten: Sashimi & Seeteufelleber
Isst nicht: Yokan aus Kastanien (Süßspeise)
Hobby: Lesen (alte Schriften)

KONAN

Geburtstag: 20. Februar
Sternzeichen: Fische
Blutgruppe: 0
Herkunft: Amegakure
Ringposition: Rechter Mittelfinger
Ringfarbe: Weiß
Isst am liebsten: Fisch (gegrillt)
Isst nicht: Frittiertes (nicht paniert)
Hobby: Origami, Pressen von Blumen

ZETSU

Geburtstag: unbekannt
Sternzeichen: unbekannt
Blutgruppe: B
Herkunft: unbekannt
Ringposition: Rechter kleiner Finger
Ringfarbe: Grün
Isst am liebsten: bissfeste Speisen
Isst nicht: Gelee
Hobby: Ninja-Beobachtung

NAGATO/PAIN

Geburtstag: 19. September
Sternzeichen: Jungfrau
Blutgruppe: A
Herkunft: Amegakure
Ringposition: Rechter Daumen (jedoch nur getragen von Tendo-Pain)
Ringfarbe: Violett-grau
Isst am liebsten: Fisch (gegrillt) & Eintopf
Isst nicht: unbekannt
Hobby: Trainieren seines Ninjutsus

WER IST DER BELIEBTESTE CHARAKTER?

ANLÄSSLICH DES 20. JUBILÄUMS DES ANIMES GAB ES ÜBER DIE OFFIZIELLE SEITE VON „NARUTO“ EINE ABSTIMMUNG („NARUTOP99“), UM DEN BELIEBTESTEN CHARAKTER ZU ERMITTELN – UND DAS INTERNATIONAL! SO KONNTEN FANS AUS DER GANZEN WELT VOM 17. DEZEMBER 2022 BIS 31. JANUAR 2023 VOTEN. UNGLAUBLICHE 4,6 MIO. FANS HABEN TEILGENOMMEN! ALS DANK FÜR DIE ABSTIMMUNG LÖSTE MASASHI KISHIMOTO SEIN VERSPRECHEN EIN, EIN EXTRA-MANGA FÜR DEN SIEGERCHARAKTER ZU VERÖFFENTLICHEN. HIER SIEHST DU DAS ERGEBNIS: DIE 20 BELIEBTESTEN CHARAKTERE!

Mit Hilfe der Abstimmung konnten noch Daten über die Fans selbst erhoben werden: Es nahmen 58 % männliche Teilnehmer, 39,5 % weibliche und 2,5 % sonstige teil. Mit 60 % war die größte Altersgruppe die der 20- bis 29-Jährigen. Minato Namikaze, der in der Gesamtabstimmung den ersten Platz belegte, war auch in dieser Altersgruppe der klare Sieger. Bei den 40- bis 49-Jährigen ist Kakashi Hatake dagegen die Nummer eins.

WO SIND WELCHE CHARAKTERE AM BELIEBTESTEN?

Japan: Kakashi, Naruto, Sasuke
Europa: Shisui, Tobirama, Kurama
Afrika: Madara, Hashirama, Hidan
Süd- und Mittelamerika: Sakura, Hinata, Mito
Nordamerika: Rock Lee, Kushina, Anko
Ozeanien: Sakumo, Ashina, Teuchi
Asien: Itachi, Zetsu, A (Raikage)
Naher Osten: Minato, Juubi, Ino

KISHIMOTOS FAZIT

„(…) Es war interessant zu sehen, wie die Ergebnisse je nach den einzelnen Regionen der Welt variierten. Ich war

überrascht, dass Minato in allen Regionen so beliebt ist, und als Autor war ich besonders glücklich über Sakuras weltweite Popularität, denn das hatte ich überhaupt nicht so erwartet. Ich selbst habe übrigens Kurama die Daumen gedrückt. (...) Im Moment arbeite ich an dem Kurz-Manga über Minato, der den ersten Platz belegte. Weil ich mich beim Zeichnen ins Zeug gelegt habe, um auf eure großartige Resonanz zu reagieren, werden es mehr Seiten als geplant. Bitte freut euch auf die geheime Geschichte von Minatos Jutsu!“

Übrigens: Kishimoto löste sein Versprechen für einen Extra-Manga für den beliebtesten Charakter am 17. Juli 2023 in der Ausgabe 33/2023 der „Weekly Shonen Jump“ mit dem Titel „Naruto Gaiden: Uzu no Naka no Tsumujikaze“ ein!

DIE TOP 20

	CHARAKTER	STIMMEN WELTWEIT
1	Minato Namikaze	792 257
2	Itachi Uchiha	505 014
3	Sakura Haruno	489 619
4	Shisui Uchiha	279 062
5	Kakashi Hatake	212 403
6	Naruto Uzumaki	182 911
7	Sakumo Hatake	170 940
8	Sasuke Uchiha	170 665
9	Madara Uchiha	144 947
10	Hinata Hyuuga	144 484
11	Obito Uchiha	132 252
12	Jiraiya	117 825
13	Shikamaru Nara	87 838
14	Tobirama Senju	87 442
15	Gaara	70 557
16	Hashirama Senju	66 519
17	Deidara	56 320
18	Neji Hyuuga	49 526
19	Sasori	40 732
20	Rock Lee	39 325

CHARAKTERE, DIE MAN NICHT VERGISST!

EINE WEITERE BESONDERHEIT DER „NARUTO"-SERIE IST DIE GROSSARTIGE BANDBREITE AN FIGUREN. 488 FIGUREN WERDEN INSGESAMT IN DEN DATENBÜCHERN MIT NAMEN AUFGEFÜHRT. KEIN WUNDER, DASS ES BEI EINER SOLCHEN VIELFALT AUCH EINE GANZE MENGE FIGUREN GIBT, DIE TROTZ KURZER SENDEZEIT EINFACH IM KOPF BLEIBEN.

HAKU UND ZABUZA

Ihre Meister-Schüler-Beziehung wird in wenigen Episoden eindrucksvoll gezeigt und lehrt uns, dass auch die skrupelloseste Seele Gefühle empfinden kann. So bittet Zabuza nach seiner Niederlage auch darum, neben dem zuvor verstorbenen Haku sterben zu dürfen. Seine letzten Worte dabei entlocken selbst dem hartgesottenen Anime-Liebhaber Tränen.

IRUKA

Irukas Eltern verstarben während des Angriffs des Neunschwänzigen Fuchsgeistes. Wegen seiner eigenen traurigen Kindheit kennt er den Schmerz der Einsamkeit. Als Lehrer und gutmütiger Mensch gibt er Naruto Hoffnung und spornt ihn an, seine Zukunft selbst in die Hand zu nehmen und für seine Ziele zu arbeiten.

JIRAIYA

Jiraiya ist eine der drei legendären Sannin. Unter „Naruto"-Fans ist er allerdings besser bekannt als Ero-Sensei, knauziger Berg-Eremit oder notgeiler Bock. Er ist ein leidenschaftlicher Frauenverehrer und der geheime Autor hinter der erfolgreichen Buchreihe „Icha Icha" („Flirtparadies"). Unvergesslich sind auch seine Momente mit den drei Waisenkindern aus Amegakure, Konan, Yahiko und Nagato.

KOTETSU UND IZUMO

Wenn die Rede von „den zwei Typen" aus „Naruto" ist, so weiß jeder Fan, wer gemeint ist. Selbst die Google-Suchfunktion findet sie sofort! Kotetsu und Izumo bewachen das Haupttor von Konohagakure. Sie sind zwar so unterschiedlich wie Tag und Nacht, hängen aber doch immer zusammen und erinnern an ein altes Liebespaar.

MAITO GAI

Er tut alles dafür, damit die Kraft der Jugend ihn nicht verlässt. Im ständigen Wettstreit mit Kakashi gibt sich Gai auch viel jünger, als er wirklich ist. Sein grüner Trainingsanzug, seine Topfschnitt-Frisur und seine markanten Augenbrauen sind beinahe legendär und wurden von Rock Lee in ähnlicher Weise übernommen. Es steht außer Frage, dass Gai einer der stärksten Jonin aus Konohagakure ist.

IZUNA UCHIHA

Der jüngere Bruder von Madara Uchiha starb im Kampf gegen Tobirama und hinterließ seinem älteren Bruder seine Augen, damit dieser zum Wohle des Clans das ewige Mangekyo-Sharingan bekommt. Izuna war aufopfernd und auf Harmonie bedacht. Am liebsten trainierte er mit Madara.

KUSHINA UZUMAKI

Narutos Mutter war nach Mito und vor Naruto der Jinchuuriki vom Kyubi. Während die meisten weiblichen Figuren bei den Fans nicht sehr beliebt sind, gehört Kushina zu den Ausnahmen. Mit ihrer aufbrausenden Art und ihrer Liebe zu ihrer Familie muss man sie einfach mögen. Dass wir so viele Details über sie und ihren Mann Minato erfahren sollten, war nicht von Anfang an so geplant gewesen. Erst als Kishimoto selbst zum Vater wurde, wollte er, dass Naruto auch die Liebe seiner Eltern erfährt.

SHISUI UCHIHA

Shisui unterschied sich mit seiner Denkweise und seiner freundlichen Art von den anderen Uchiha-Mitgliedern. Dies bemerkte auch der junge Itachi schnell. Er hinterfragte die wahre Bedeutung des Friedens und war sogar bereit, für den Frieden alles zu geben. Vor seinem Tod gab Shisui Itachi eines seiner Augen, damit dieser es für den Frieden einsetzt.

ROCK LEES REZEPT: CURRY DES LEBENS

WENN ROCK LEE NACH EINEM HARTEN TRAINING VÖLLIG ERSCHÖPFT IST, KURBELT DIESES FEURIGE CURRY-GERICHT SEINE KRÄFTE WIEDER AN! KANN ES AUCH DAS FEUER IN DIR ENTFACHEN?

Zutaten für 2 Personen:
2 Kartoffeln
2 Karotten
1 Zwiebel
250 g Rindergulasch (oder Tofu)
2 EL Speiseöl
2 EL scharfes Currypulver
200 g passierte Tomaten
1 EL Cayennepfeffer
1 gute Prise Salz
400 ml Rinderbrühe (oder Gemüsebrühe)

Tipp für besonders eilige Ninjas:
Püriere das Gemüse, die passierten Tomaten und etwas Wasser in einem Mixer. Verwende Tofu statt Fleisch und brate diesen kurz an. Gib den Gemüse-Tomaten-Mix hinzu und würze alles gut. Kurz aufkochen lassen, und schon ist das Curry in Rekordzeit zubereitet!

1. Schäle zuerst Kartoffeln, Karotten und Zwiebeln und schneide das Gemüse anschließend in Würfel.

2. Teile nun das Rindergulasch in mundgerechte Stücke. Erhitze einen großen Topf, gib das Öl hinzu und brate das Fleisch scharf an. Nimm das Rindergulasch anschließend wieder aus dem Topf und stell es beiseite.

3. Reduziere dann die Hitze im Topf und schwitze die Zwiebeln an. Gib das Currypulver hinzu und schließlich die Kartoffeln und Karotten.

4. Warte nun 5 Minuten, bevor du das Ganze mit passierten Tomaten ablöschst und es mit Cayennepfeffer und Salz würzt.

5. Nun gib das Fleisch wieder in den Topf und fülle ihn mit der Rinderbrühe auf. Lass das Ganze bei niedriger Hitze 30 Minuten köcheln. Rühre gelegentlich um. FERTIG!

NARUTO INSIDE

ECHT JETZT!

Rock Lees Name stammt sehr wahrscheinlich von dem berühmten Kampfkünstler Bruce Lee, schließlich haben beide sogar am 27. November Geburtstag – und sie verbindet eine ähnliche Kampfkunst.

Maito Gai wurde im Englischen zu Might Guy umbenannt. Das ist einfacher auszusprechen – vielleicht steckt hier aber auch eine Absicht dahinter, denn seine Attacken ähneln englischen Wörtern und wurden dementsprechend ausgetauscht, z. B. Dainamikku Entorii = Dynamic Entry und Daynamikuu Akushon = Dynamic Action. Möglicherweise hat sich Kishimoto hier zuvor am Englischen orientiert.

Die korrekte Übersetzung für das „Tal des Endes" lautet „Tal des Schicksals". Es befindet sich an der Grenze zwischen Feuer- und Reisfeld-Reich. Es ist ein Ort mit zwei riesigen Statuen von Madara Uchiha und dem Shodai Hokage, welche dort einmal einen Kampf ausgefochten haben. Interessant ist, dass sich ein gewaltiger Wasserfall zwischen den beiden Statuen hinabstürzt.
Tobiramas meist genutztes Element ist das Wasser. Sein Name bedeutet „der Platz zwischen zwei Toren". Der Wasserfall stellt also sinnbildlich Tobirama dar!

Als der erfahrene Ninja Kakashi gegen den jüngeren Itachi kämpft, wird er Opfer von Itachis Genjutsu. Kakashis Namen kann man aus dem Japanischen übersetzt als „Vogelscheuche" oder „Feld" deuten. In dieser Szene wird er dann tatsächlich als Vogelscheuche dargestellt. Lustig, weil Itachi gerne mit Krähen in Verbindung gebracht wird, die bekanntermaßen durch Vogelscheuchen verjagt werden sollen. Damit stellt die Interpretation ein Feindbild dar: Vogelscheuche vs. Krähen.

NAMEN MIT BEDEUTUNGEN

DIE AUSARBEITUNG DER FIGUREN UND DEREN KOMPLEXITÄT LÄSST EINEN IMMER WIEDER STAUNEN. NICHT NUR DIE BLUTGRUPPEN SIND ZUGEORDNET, DIE CHARAKTERE HABEN NATÜRLICH AUCH DIE PASSENDEN STERNZEICHEN. ABER HAST DU AUCH GEWUSST, DASS DIE MEISTEN NAMEN AUS JAPANISCHEN ANSPIELUNGEN BESTEHEN?

NARUTO UZUMAKI

Naruto = Narutomaki
(weiße Fischrolle mit einem pinken Strudelmuster in der Mitte)
Uzumaki = Strudel

SASUKE UCHIHA

Sasuke = Der Name eines legendären Ninjas (Sasuke Sarutobi) in japanischen Folkloren und fiktionalen Schriften
Uchiha = Fächer

SAKURA HARUNO

Sakura = Kirschblüte
Haruno = Frühlingsfeld

KAKASHI HATAKE

Kakashi = Vogelscheuche
Hatake = Ackerfeld

OROCHIMARU

Orochi = Name einer achtköpfigen Riesenschlange aus der japanischen Mythologie
-maru = Endung für Jungennamen

ANKO MITARASHI

Anko = pürierte Adzukibohnenpaste
Mitarashi = eine Art Dango

KURENAI YUUHI

Kurenai = Scharlachrot
Yuuhi = Abendsonne

NEJI

Neji = schrauben, sich im Kreis schnell drehen

HINATA HYUUGA

Hinata = der Sonne zugewandt
Hyuuga = Platz an der Sonne

KIBA

Kiba = Fang-/Reißzahn

CHOUJI AKIMICHI

Chouji = Schmetterlingskind
Akimichi = Herbst-Straße

TOBIRAMA SENJU

Tobirama = Platz zwischen zwei Toren
Senju = Tausend Hände oder Tausend Jahre

MADARA

Madara = Makel, Fleck, unrein (eventuell die Kurzform von Madarajin, eine zornige Gottheit (buddhistisch), die die Wiedergeburt im reinen Land behindert, auch bekannt als „Gott der Hindernisse")

HASHIRAMA

Hashirama = Brücke, Stäbchen

NAGATO

Nagato = langlebiges Tor

KONAN

Konan = kleiner Süden

ITACHI

Itachi = Wiesel

YAMATO

Yamato = große Harmonie

HAKU

Haku = weiß

IZUNA

Izuna = Name eines Fuchsgeistes (japanische Mythologie)

SASORI

Sasori = Skorpion

HIDAN

Hidan = Turmstufe

GAARA

Gaara = selbstliebender Dämon

SHIKAMARU

Shikamaru = Hirschjunge

KONOHAMARU

Konohamaru = Konoha-Junge

SHISUI

Shisui = stilles Wasser

KISAME

Kisame = dämonischer Hai

WAFFEN IN EINER KAMPFSPORT-WELT

KISHIMOTO VERZICHTETE IN SEINEM MANGA BEWUSST AUF SCHUSSWAFFEN. DIE MEISTEN NINJAS HABEN IN SEINEN GESCHICHTEN OHNEHIN AUSSERGEWÖHNLICHE FÄHIGKEITEN UND BENÖTIGEN DESWEGEN AUCH KAUM WAFFEN. DOCH EIN PAAR NUTZEN DIE NINJAS GERNE!

KUNAI

Kunai, ein Werkzeug, das man vielseitig einsetzen kann, wird als kleines Wurfmesser verwendet. Es eignet sich z. B. hervorragend, um Briefbomben abzuschießen. Kunai sind aber auch im Nahkampf einsetzbar, um den Gegner zu verletzen. Die universale Waffe gehört mit den Shuriken zu den am häufigsten verwendeten Waffen in der Shinobi-Welt.

SHURIKEN

Shuriken werden die bekannten Ninja-Sterne genannt. Da sie nicht viel wiegen und leicht zu verstauen sind, werden sie von den Ninjas gerne mitgenommen. In fast jedem

Kampf kommen sie zum Einsatz. Jedoch weniger, um großen Schaden anzurichten, sondern meist, um den Gegner für einen Augenblick abzulenken. Shuriken gibt es in verschiedenen Designs. Der Uchiha-Clan ist besonders berüchtigt für seine gute Wurftechnik.

TANTOU

Tantou ist das Kurzschwert der Ninjas. Seine Klingenlänge beträgt weniger als 30 Zentimeter. Deswegen ist es leichter zu verwenden als ein Langschwert und auch der Kraftaufwand ist deutlich geringer. Dafür richtet das Kurzschwert mehr Schaden an. Tantou können sich an den Griffen unterscheiden.

KATANA

Katana, das wohl berühmteste japanische Langschwert, hat eine Klingenlänge von etwa 60 Zentimetern und ist am Ende leicht gebogen. Da es ein sehr schlankes Schwert ist, eignet es sich gut für den Transport am Körper. Allerdings bricht seine Klinge auch schneller.

KUSANAGI

Kusanagi ist wie das Katana ebenfalls ein Langschwert, es besitzt jedoch eine zweischneidige Klinge. Außerdem ist es stabiler, aber nicht ganz so handlich wie ein Katana.

KUSARIGAMA

Diese traditionelle japanische Waffe besteht aus einer Sichel, die an einer Kette montiert wird. Damit dient sie als Wurfgeschoss, aber auch als Schnitt- und Kettenwaffe. Bei „Naruto" ist die Sichel magnetisiert und kann damit zum Entwaffnen der Gegner verwendet werden. Es gibt auch vergiftete Varianten.

MACH MIT! ORIGAMI-SHURIKEN

ECHTE NINJAS BASTELN NICHT, SONDERN LERNEN AUS EINEM PAPIER GANZ SCHNELL SHURIKEN, WURFSTERNE, ZU FALTEN. WIR ZEIGEN DIR HIER, WIE ES GEHT!

Das brauchst du:

pro Shuriken
1 Origamifaltblatt, 20 cm x 20 cm,
oder
2 Blätter Papier, 10 cm x 20 cm

1. Zerschneide dein Origamifaltblatt in der Mitte in zwei gleich große Rechtecke, die dann die Maße 10 cm x 20 cm haben.

2. Falte beide Blätter nun in der Mitte. Orientiere dich dabei an der horizontalen Linie, die im Bild gezeigt wird.

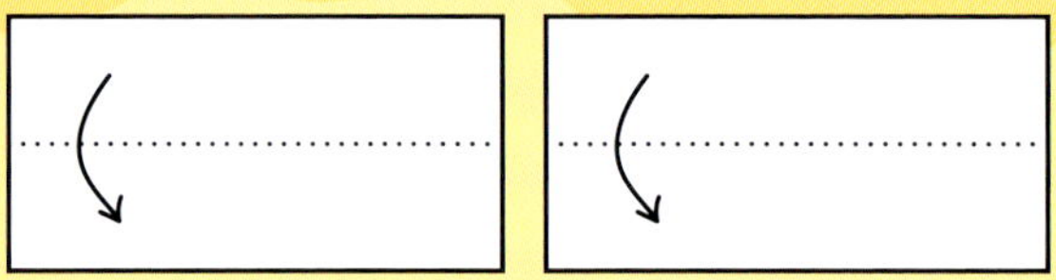

3. Nun hast du zwei schmale Rechtecke vor dir liegen. Unten lassen sie sich wieder öffnen. Du lässt sie aber zusammengeklappt. Lege dann die Ecken der Papiere wie auf dem Bild um. Achte darauf, dass du beide Papiere genau spiegelverkehrt zueinander faltest!

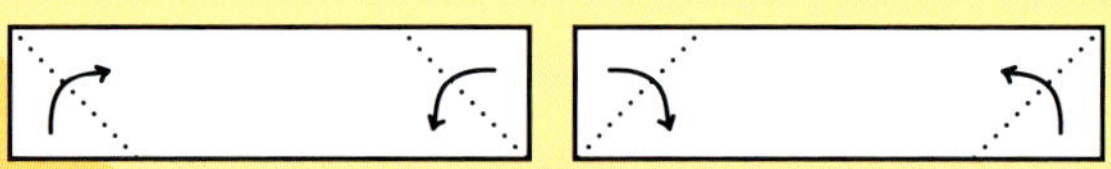

4. Falte beide Papiere jetzt entlang der gedachten gestrichelten Linien in der Abbildung. Deine beiden Origami-Papiere sollten dann wie auf

Abbildung 4 rechts oben aussehen. Wichtig ist, dass beide Papiere spiegelverkehrt zueinander sind. Lege nun beide Papiere wie auf Abbildung 4 vor dich hin. Für das unterste Bild der Abbildung 4 drehst du deine Sternhälfte einfach um.

Tipp: Du kannst dir die Falzlinien auch einzeichnen.

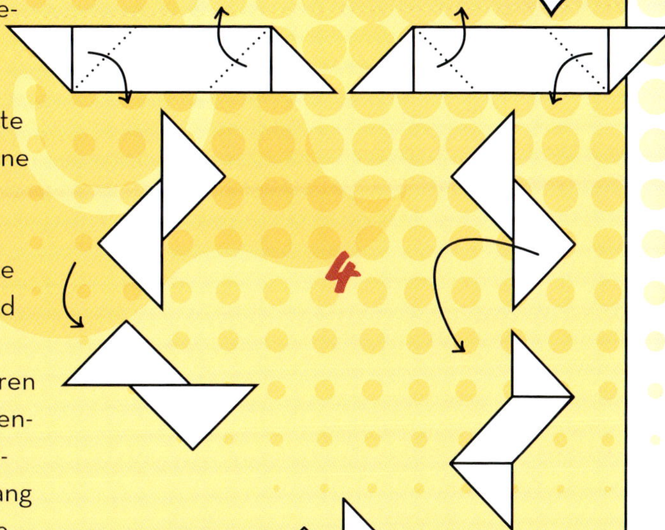

5. Nun platzierst du die beiden Stücke aufeinander. Verbinde anschließend die beiden Papiere miteinander, indem du die obere Ecke des unteren Papiers in die obere Hälfte des obenliegenden Papiers steckst. Dazu faltest du zuerst die obere Ecke entlang der Linie im Bild. Mach das Gleiche mit der unteren Ecke.

5

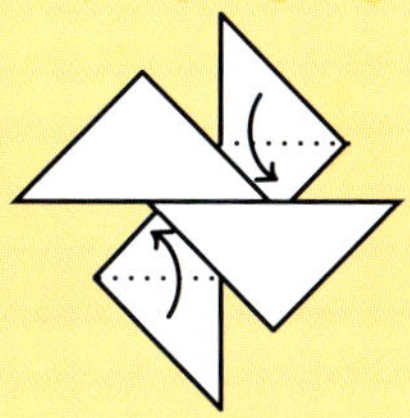

6. Drehe deinen Shuriken auf den Rücken. Du drehst ihn also um. Nun müssen auch die beiden letzten Ecken in die obenliegenden Hälften gesteckt werden. Dazu faltest du die beiden Ecken wie im Bild. Stecke die beiden Laschen in die andere Sternhälften.

6

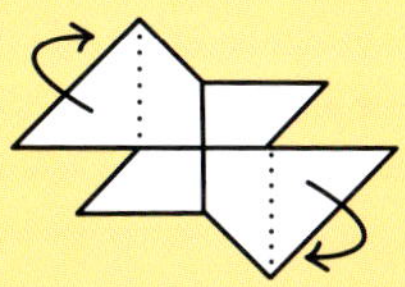

7. Drehe deinen Shuriken wieder auf den Bauch, also um. Stecke die beiden losen Ecken auch in die andere Sternhälften.

7

8. Fertig ist dein Shuriken!

DAS CHAKRA IN DER SHINOBI-WELT

CHAKRA IST DIE ENERGIE IM „NARUTO"-UNIVERSUM, DIE DEN SHINOBI IHRE GEHEIMEN KÜNSTE ERMÖGLICHT. OFTMALS WIRD ES SOGAR WIE EINE LEBENSERHALTENDE ENERGIE DARGESTELLT. UM CHAKRA ZU SCHMIEDEN, MUSS MAN SEINE GEISTIGE ENERGIE MIT DER KÖRPERLICHEN ENERGIE MISCHEN.

HERKUNFT IN DER SHINOBI-WELT

Chakra gab es hier schon immer, vor allem in Form von Natur-Chakra. Die Kuchiyose-Tiere (vertraute Geister) verwendeten es, aber ohne dass die Menschen davon wussten. Das Chakra, welches die Ninjas verwenden, hat eine andere Herkunft. Vor vielen tausenden Jahren landete der Samen des Shinju (Götterbaum) auf der Erde. Alle 1000 Jahre trägt dieser eine Frucht aus purem Chakra. Doch die Menschen fürchteten sich vor dem gigantischen Baum und blieben ihm so fern. Tausend Jahre später folgte schließlich Kaguya dem Samen des Shinju und landete ebenfalls auf der Erde. (Ihre Absicht ist in „Boruto" widersprüchlich, aber um Spoiler zu vermeiden, bleiben wir bei „Shippuden".) Dort kommt nämlich Kaguya nach einigen bösen Vorfällen zu der Überzeugung, dass die Menschen nicht in der Lage seien, friedvoll zu leben. Deswegen aß sie von der Chakrafrucht, um

ihren eigenen Frieden durchzusetzen. Dieses Chakra vererbte sie schließlich ihren beiden Söhnen. Kaguya hatte aber nicht geplant, dass das Chakra weiterhin geteilt wurde. Nachdem ihre Söhne jedoch ihre grausame Diktatur beendeten, teilte ihr Erstgeborener, Hagoroma, sein Chakra mit den Menschen und lehrte sie, dass die spirituelle Kraft sie miteinander verbindet. Seitdem besitzt jeder Mensch in der Shinobi-Welt ein Grundchakra.

DIE ANATOMIE

Das Chakra durchläuft den ganzen Körper entlang der Keirakukei, die ähnlich wie Blutgefäße funktionieren. Auf der Keirakukei gibt es insgesamt 361 Tanketsu (Öffnungen/Löcher), durch die das Chakra fließen kann. An acht Stellen im Körper liegen die Tanketsu besonders dicht beieinander und sind eng mit den Organen verbunden. Diese werden als die acht inneren Tore bezeichnet bzw. „Hachimon“. Das Öffnen dieser Tore führt zu einem verstärkten Chakra-Fluss im Körper. Allerdings birgt dies das Risiko schwerwiegender körperlicher Schäden, sogar bis hin zum Tod. Im Anime wird das Chakra blau dargestellt, während im Manga geschrieben ist, dass es gelb ist.

DIE VERWENDUNG

Ursprünglich war die Idee des Chakras, die Menschen miteinander zu verbinden, um eine gegenseitige, wortlose Verständigung zu ermöglichen. In der heutigen Ninja-Zeit wird Chakra hauptsächlich für die Anwendung von Nin- und Genjutsu genutzt. Medizinisch geschulte Ninjas können durch präzise Chakra-Führung auch Wunden heilen oder Operationen durchführen. Eine präzise Chakra-Kontrolle ist auch hilfreich, wenn Ninjas über Wasser gehen müssen oder Wände erklimmen sollen.

DAS CHAKRA IN UNSERER WELT

CHAKRA IST NICHT NUR EIN BEGRIFF FÜR „NARUTO"-KENNER. VIELE MENSCHEN WELTWEIT, DIE MIT DEM MANGA BZW. ANIME ABSOLUT NICHTS AM HUT HABEN, KENNEN DIESES WORT. DENN DIE THEORIE ÜBER DAS CHAKRA GAB ES SCHON VIELE, VIELE JAHRE VOR „NARUTO" – UM GENAU ZU SEIN, ENTDECKTE MAN SCHRIFTEN, DIE ÜBER DAS CHAKRA SCHREIBEN, DIE ÜBER 4000 JAHRE ALT SIND.

DIE HERKUNFT

Die Lehre der Chakren kommt ursprünglich aus dem Hinduismus in Indien, aber auch im Buddhismus ist der Begriff bekannt. Das Wort ist aus dem Sanskrit (altindisch) und bedeutet Rad oder Kreis.

DIE ANATOMIE

Chakren sollen, ähnlich wie die Seele, nicht organisch existent sein. Laut traditioneller Texte sind die sieben Hauptchakren entlang der Wirbelsäule mit den sogenannten Nadis verknüpft. Wörtlich übersetzt bedeutet Nadi „Röhre" oder „Kanal". Durch sie soll die potentielle Kraft jedes Menschen aufsteigen. Unterschiedliche Lehren und Schulen weichen in ihren Auffassungen bezüglich Details wie der Anzahl und genauen Lokalisation der Chakren voneinander ab, in der Regel beschreiben aber alle ein System mit sieben Hauptchakren. Ob es diese Energiezentren tatsächlich in unserem Körper gibt, ist nicht geklärt. Es wurden immer wieder Versuche unternommen, den Chakra-Fluss mit dem Nervensystem gleichzusetzen, jedoch wurden diese von der Wissenschaft nie anerkannt.

DER EINSATZ

Du ahnst es sicher schon, Jutsus können wir leider nicht anwenden. Die Chakralehre hat bei uns vor allem eine Bedeutung im Yoga und bei alternativen Heilmethoden. Durch verschiedene Bewegungen, Gerüche und Farben sollen die verschiedenen Chakra-Zentren angeregt und Blockaden gelöst werden. Insgesamt sind die Lehren darauf abgezielt, Körper, Seele und Geist zu heilen und in Einklang zu bringen.

FAZIT

Kishimoto hat sich ganz bestimmt von dieser Lehre inspirieren lassen, doch hat die Chakra-Lehre aus „Naruto" nichts mit der Chakra-Lehre aus unserer Welt zu tun. Der Vergleich scheitert schon, wenn man die acht inneren Tore von „Naruto" mit den sieben Chakra-Zentren aus dem Hinduismus gleichsetzen will.

FINGERZEICHEN („IN“) UND NINJUTSU

UM EIN NINJUTSU ANZUWENDEN, REICHT ES NICHT NUR, SEIN CHAKRA ZU SCHMIEDEN. MAN MUSS AUCH DIE RICHTIGEN FINGERZEICHEN, ALSO DAS „IN“, RECHTZEITIG ABSCHLIESSEN. ERST DANN FORMT SICH DAS CHAKRA ZUR NINJA-KUNST. FÜR SHINOBI IST ES SEHR WICHTIG, DASS SIE DIE FINGERZEICHEN FEST EINSTUDIERT HABEN UND EINEN KÜHLEN KOPF IM KAMPF BEWAHREN, ANDERNFALLS ERGEHT ES EINEM WIE NARUTO, DER BEI DEM ERSTEN ÜBERRASCHUNGSANGRIFF AUF SEIN TEAM VOR ANGST ERSTARRTE UND SEIN WISSEN NICHT PRAKTISCH ANWENDEN KONNTE. DESWEGEN IST ES UMSO WICHTIGER, DASS DU DIR ALLE ZWÖLF FINGERZEICHEN GUT EINPRÄGST UND SIE BEI BEDARF FEHLERFREI UND FLÜSSIG EINSETZEN KANNST!

Schaf/Ziege („Hitsuji“)

Ratte („Ne“)

AFFE („SARU“)
DRACHE („TATSU“)
RATTE („NE“)
HAHN („TORI“)
SCHLANGE („MI“)
OCHSE („USHI“)
HUND („INU“)
PFERD („UMA“)
TIGER („TORA“)
WILDSCHWEIN („I“)
SCHAF/ZIEGE („HITSUJI“)
HASE („U“)

Alle zwölf Fingerzeichen basieren auf den zwölf Zeichen des chinesischen Tierkreises.

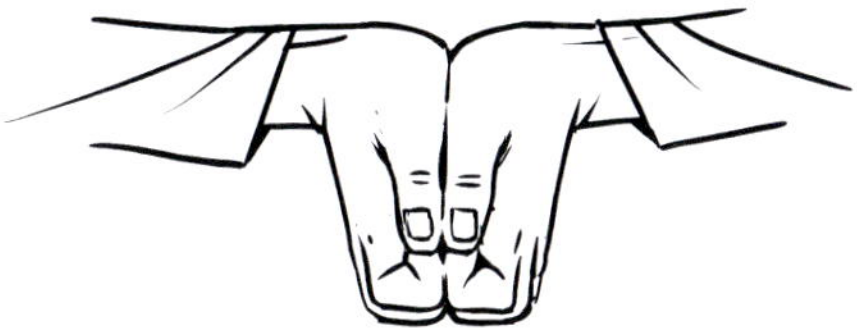

Wildschwein („I“)

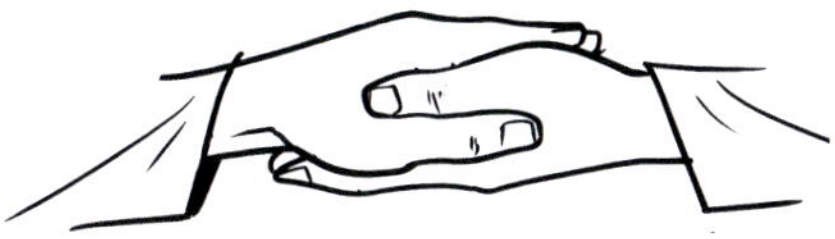

Affe („Saru“)

Es gibt insgesamt sechs Schwierigkeitsgrade für Ninjutsu:

- **S** = extrem schwierig
- **A** = verbotene Künste und extraklassige Ninjutsu
- **B** = Jonin-Klasse
- **C** = Chinun-Klasse
- **D** = Genin-Klasse
- **E** = Ninja-Schüler-Klasse

Außerdem gibt es Künste, die nur durch eine besondere Gabe angewendet werden können.

Hund („Inu“)

Schlange („Mi“)

Drache („Tatsu“)

Tiger („Tora“)

DIE 5 KRASSESTEN KIN-JUTSUS

Bei Kin-Jutsus handelt es sich um versteckte Künste, deren Lehre und Ausführung verboten wurden. Man kann sie in zwei Kategorien einteilen:

1.

Jutsus, die dem Anwender selbst extremen Schaden zufügen

2.

Jutsus, die gegen die Gesetze der Natur verstoßen

(Pssst, bei den deutschen Namen werden hier die korrekten Übersetzungen verwendet, nicht die falsche Version aus der deutschen Synchronisation!)

KUCHIYOSE: EDO TENSEI

(Wiedergeburt in die unreine Welt)

Dieses Kin-Jutsu ist wohl das bekannteste unter allen verbotenen Jutsus. Ursprünglich konzipiert von Tobirama Senju, wurde es später von Orochimaru weiterentwickelt und schließlich von Kabuto Yakushi perfektioniert. Anfangs war es dazu gedacht, gefallene Einsatzkräfte wiederzubeleben, um sie für Selbstmordattentate einzusetzen. Da das Wiederbeleben der Toten im Widerspruch zu den Naturgesetzen steht, wurde es verboten. Die Fingerzeichen für das Edo Tensei sind: Tiger, Schlange, Hund, Drache; anschließend beide Hände in senkrechter Position zusammenlegen.

SHIKI FUUJIN

(Todesgott-Versiegelung)

Bei dem Shiki Fuujin handelt es sich um ein Versiegelungsjutsu, bei dem der Anwender einen Vertrag mit dem Totengott, dem Shinigami, eingeht. Der Anwender kann den Totengott kontrollieren. Weil dieser zunächst nur für den Anwender sichtbar ist, versteht der Gegner meist gar nicht, was mit ihm geschieht. Erst wenn sich seine Seele komplett vom Körper löst, sieht er den Shinigami. Seelen, die der Totengott sammelt, können nicht ins Jenseits übergehen. Sie sind versiegelt im Bauch des Shinigamis. Dies gilt allerdings auch für den Anwender des Kin-Jutsus, denn im Gegenzug muss auch er seine eigene Seele dem Shinigami überlassen. Das Jutsu ist als Kin-Jutsu eingestuft, da es zum eigenen Tod führt. Die Fingerzeichen: Schlange, Wildschwein, Schaf, Hase, Hund, Ratte, Vogel, Pferd, Schlange; dann die Hände aneinander klatschen.

GEDOU RINNE TENSEI NO JUTSU

(Technik der Wiedergeburt des himmlischen Lebens des Äußeren Pfades)

Mit diesem Kin-Jutsu kann man verstorbene Seelen zu ihren Körpern zurückkehren lassen, und Tote werden wiederbelebt. Es ist ein unglaublich mächtiges Jutsu, das zudem das Rinnegan voraussetzt, um überhaupt ausgeführt werden zu können. Der extreme Chakra-Verbrauch raubt dem Anwender sämtliche Kräfte, sodass er am Ende selbst stirbt. Hier sind gleich beide Kritierien erfüllt, die dieses Jutsu zu einem Kin-Jutsu machen. Fingerzeichen: Schaf, Schlange.

HACHIMON TONKOU

(Rüstung der verborgenen acht Tore)

Das Hachimon Tonkou ist das Jutsu, mit dem man die acht inneren Chakra-Tore im Körper öffnet. Dadurch holt der Shinobi für eine kurze Zeit sein Maximum an körperlicher Kraft aus sich heraus. Die Verwendung dieser Technik führt ebenfalls zum eigenen Tod und ist deshalb als Kin-Jutsu eingestuft. Zum Hachimon Tonkou gibt es keine Fingerzeichen, denn das Öffnen aller acht inneren Tore ist ein Taijutsu.

TAJUU KAGE BUNSHIN NO JUTSU

(Jutsu der 1000 Schattendoppelgänger)

Tajuu Kage Bunshin no Jutsu ist die Steigerung des Schattendoppelgänger-Jutsus: Bis zu 1000 Schattendoppelgänger werden erzeugt. Eigentlich ist diese Technik sehr nützlich, da der Anwender an mehreren Orten gleichzeitig sein kann. Beim Auflösen des Jutsus erfasst der Anwender zudem alle Erfahrungen seiner Doppelgänger. Trotzdem wurde auch diese Technik als Kin-Jutsu eingestuft, weil der Anwender dabei zu viel Chakra verbraucht und sich selbst schadet. Das Fingerzeichen für dieses Jutsu unterscheidet sich von den bekannten Fingerzeichen. Hierzu werden beide Zeige- und Mittelfinger übereinander gekreuzt. Allerdings ist das nur eine Abkürzung für die eigentlichen Fingerzeichen.

DIE MACHT DER NINJAS

WIR ALLE KENNEN DIE MYTHEN UND LEGENDEN ÜBER NINJAS IM ALTEN JAPAN, UND NINJAS GAB ES WIRKLICH! SOGAR DIE SCHATTENDOPPELGÄNGER EXISTIERTEN! AUCH DAS MOKUTON-JUTSU WURDE VON DEN NINJAS REGELMÄSSIG ANGEWENDET. WIE DAS FUNKTIONIEREN SOLL? DAS ERFAHREN WIR AUF DIESER SEITE!

Eine ähnliche Hierarchie, wie wir sie aus Narutos Welt kennen, entdeckt man auch bei den Ninjas im alten Japan. **Jonin** waren die Anführer, **Chunin** die Gehilfen und **Genin** diejenigen, die den Auftrag ausführten. Allerdings konnte man diese Hierarchien nicht aufbrechen. Wenn man beispielsweise in eine Familie von Genin geboren wurde, war es aufgrund des sozialen Status unmöglich, jemals den Rang eines Jonin zu erreichen.

Ninjas dienten Fürsten oder Feudalherren. Ihre Hauptaufgaben erstreckten sich von Spionage über Überraschungsangriffe bis hin zu Attentaten. Dafür war es wichtig, dass sie die Kunst des Anschleichens und Tarnens erlernten, das sogenannte **Nunjutsu**. Diejenigen die diese Kunst beherrschten, wurden als **Shinobi no mono** („schleichende/sich verbergende Person") bezeichnet. Später wurde daraus **Ninja**, was auch so viel wie „Verborgener" bedeutet.

Belegt ist, dass Ninjas stets ein **Kunai** (eine Vielzweckwaffe) bei sich trugen. Damals, also etwa um 1200 bis 1800 n. Chr.) war das Kunai ein sehr gängiges Werkzeug. Auch Handwerker und Bauern trugen es bei sich. Ninjas konnten sich das Werkzeug also leicht organisieren und es fiel nicht auf. Auch **Shuriken** wurden von den Ninjas stets getragen. Doch eigentlich waren sie nicht zum Werfen gedacht, auch wenn sie bei uns als Wurfsterne bezeichnet werden. Die korrekte Übersetzung lautet „handversteckte Klinge". Wie diese Übersetzung verrät, sind sie also versteckte Waffen, die man in der Hand trägt und zum Schlagen verwendet. Geworfen wurden sie nur, wenn der Feind weglief. Dass jemand dabei wirklich getroffen wurde, passierte aber eher selten.

Die Fingerzeichen dienten den Ninjas dazu, ihren Geist zu schärfen. In „Naruto" werden Symbole aus dem chinesischen Tierkreiszeichen ausgesprochen. In der Wirklichkeit hatte jede Ninja-Familie ihre ganz eigenen sprachmagischen Wörter, die **Kotodama**. Man glaubte, dass die Seele des gewählten Gegenstandes auf das gesprochene Wort übergeht und somit werden positive Energien freigesetzt. Der Glaube an die Kotodama existiert in der traditionellen japanischen Kultur heute noch.

Das **Schattendoppelgänger-Jutsu** existierte tatsächlich. Es steckte aber nichts Magisches dahinter. Menschen mit ähnlichem Erscheinungsbild wurden an verschiedene Orte geschickt, um Verwirrung unter dem Gegner zu stiften oder eine Fluchtmöglichkeit zu schaffen. Beim **Mokuton no Jutsu** wurden Bäume erklommen oder die Ninjas tarnten sich als Busch. Tatsächlich steckt in vielen Techniken der Ninjas mehr Täuschung als richtige Magie.

Letztendlich waren die Ninjas Meister in **Genjutsu**, also der Täuschungskunst. Sie bevorzugten diese Methode gegenüber dem offenen Kampf. Mit ihrer „Magie" und Psycho-Tricks tricksten sie ihre Feinde aus und erzeugten so ein Bild eines übermenschlichen Schattenkriegers. Dabei zeigten sie vor allem eines: Einfallsreichtum.

NARUTO INSIDE

DIE 10 BESTEN TIPPS, WIE DU NICHT ZUM NINJA WIRST!

Wir lieben Naruto Uzumaki genau so, wie er ist: laut, frech, impulsiv, auffällig. Doch ist er so ziemlich das Gegenteil von dem, was man von einem richtigen Ninja erwarten würde. Um Missionen präzise und erfolgreich durchzuführen, sollten Ninjas nicht auffallen. Insofern kann man Naruto wirklich nicht als Profi-Ninja bezeichnen. Andererseits ist Naruto mit seiner quirligen Art so weit entfernt davon, ein Ninja zu sein, dass man ihn gar nicht als solchen verdächtigen würde. Ziemlich gut getarnt, oder nicht? Damit wäre er ein Über-Ninja!

1. Trage stets auffällige Kleidung! Am besten in orange. Ein grüner Ganzkörperanzug erfüllt denselben Zweck.

2. Sei laut! Egal, wo du bist und was du machst, deine Mitmenschen sollten stets von deiner Lautstärke übertönt werden.

3. Strecke deine Arme beim Rennen ganz weit nach hinten aus! Du darfst sie ja nicht synchron zu deinen Beinen bewegen! Wenn du dabei dein Gleichgewicht nicht richtig halten kannst, machst du alles richtig!

4. Ernähre dich einseitig! Am besten mit Fertiggerichten wie Fünf-Minuten-Nudeln.

5. Benutze keine geraden Wege! Einfach kann ja jeder. Springe stattdessen von Ast zu Ast!

6. Verspäte dich - am besten so viel, dass sich deine Verabredung wieder auf den Heimweg machen möchte. Tauche dann auf und erzähle, dass du dich auf dem Weg des Lebens verirrt hast.

7. Verdecke mit deinem Haar stets ein Auge! Ein Stirnband, schräg über das Auge getragen, ist auch möglich. Hauptsache, du hast eine eingeschränkte Sicht.

8. Wenn du jemanden kidnappen sollst, klopfe unbedingt vorher an seine Tür an! Ein Kidnapper zu sein, bedeutet noch lange nicht, dass man seine Manieren über Bord wirft!

9. Trage Nagellack, besonders wenn du dich als Mann identifizierst. Lila und orange sind heiß begehrte Farben.

10. Erzähle allen von deinem Vorhaben! Wenn es beispielsweise einen ganz bestimmten Menschen gibt, den du unbedingt „besiegen" musst, erzähle das überall!

KEKKEI GENKAI

ZU BEGINN VON „NARUTO" WIRD MAN GERADEZU VON EINER VIELZAHL VON UNBEKANNTEN BEGRIFFEN ÜBERFLUTET. GLÜCKLICHERWEISE KLÄREN SICH DIE MEISTEN IM VERLAUF DER SERIE VON SELBST.

Du bist sicherlich bereits mit dem Begriff „Kekkei Genkai" vertraut, der als Oberbegriff für vererbte Fähigkeiten dient. Dennoch darf dieses Thema in einem Fanbuch über das „Naruto"-Universum auf keinen Fall fehlen! Daher fassen wir das Wichtigste für dich hier zusammen. Kekkei Genkais werden in drei Kategorien unterteilt:

1. Dou-Jutsus (Augentechniken)
2. Auf Elementarverbindungen beruhende Kekkei Genkais
3. Sonstige

DER URSPRUNG DER DOU-JUTSUS

Byakugan, Sharingan und Rinnegan kann man sicher Kaguya zuordnen. Träger dieser besonderen Augen haben in irgendeiner Weise eine Blutsverwandtschaft mit Kaguyas Nachfahren.

ELEMENTBASIERTE KEKKEI GENKAIS

Sie entstehen hingegen, wenn sich zwei Chakra-Basiselemente in einem Shinobi miteinander verbinden, z. B.: Suiton + Doton = Mokuton. Diese Kekkei Genkai scheinen eine Laune der Natur zu sein und kommen meist nur bei einzelnen Personen vor.

WOHER STAMMT DER REST?

Bei den sonstigen Kekkei Genkais ist der Ursprung nicht eindeutig. Manchmal liegt eine Genmanipulation vor.

ALLES TRAINING?

Die vererbten Fähigkeiten können weder angeeignet noch kopiert werden. Allerdings ist es möglich, die Dou-Jutsus zu implantieren. Dies gilt übrigens auch für das Byakugan, kommt aber fast nie vor, da die Hyuuga ihr Bluterbe vorsorglich mit dem Juin schützen. Dieses vernichtet das Byakugan nach dem Tod oder bei einem versuchten Entfernen.

GEWUSST?

Nirgends wird erklärt, wie der Augentausch der Uchiha tatsächlich stattfindet. Vermutlich hatte auch Kishimoto dafür keine Idee. In Fan-Kreisen gibt es allerdings das Meme, wonach die Sharingan-Augen Glühbirnen ähneln und bei Bedarf einfach ausgewechselt werden können.

GRAUSAMER VERSUCH

Bei einem Experiment implantierte Orochimaru die DNA von Hashirama bei 60 Neugeborenen. Er wollte untersuchen, ob diese Kinder das Mokuton bekommen würden. Leider starben alle Versuchskandidaten bis auf eine Ausnahme: Yamato. Obwohl dieser die Holzfreisetzung beherrscht, ist seine Fähigkeit bei weitem nicht mit der von Hashirama vergleichbar.

MYTHOLOGIE UND GESCHICHTE

WIE AN DER NAMENSWAHL DER FIGUREN ODER WÖRTERN WIE „CHAKRA“ ZU ERAHNEN IST, HABEN SICH MASASHI KISHIMOTO UND SEIN TEAM FÜR „NARUTO“ SEHR VIEL INSPIRATION AUS DER JAPANISCHEN MYTHOLOGIE, JAPANISCHEN LEGENDEN UND DER ASIATISCHEN GESCHICHTE GEHOLT.

So sind **Izanagi** no Mikoto und **Izanami** no Mikoto eigentlich die zentralen Urgötter im japanischen Shinto-Glauben. Der Legende nach erschufen sie die erste Landmasse im Ozean. **Amaterasu** ist die Sonnengöttin sowie Tochter von Izanagi und neben ihrem Bruder **Susanoo**, dem Donner- und Meeresgott, eine der wichtigsten Gottheiten (Kami) des japanischen Shinto-Glaubens. **Tsukiyomi** no Mikoto, ein weiteres Kind von Izanagi, ist der Gott des Mondes und Herrscher über die Nacht.

Jiraiya ist ein Held der japanischen Volkserzählungen, der auf Kröten reitet. Als Protagonist der Erzählung „Jiraiya Goketsu Monogatari“ verliebt er sich in die Jungfrau **Tsunade**, die sich in eine Schnecke verwandeln kann. Antagonist in der Erzählung ist Yashagoo, später bekannt als **Orochimaru**, der ebenfalls durch Magie zur Schlange werden kann.

Die Geschichte der Prinzessin **Kaguya** ist die älteste bekannte Erzählung aus Japan. Kaguya soll als Findelkind bei einem Bambussammler und dessen Frau aufgewachsen sein. Als sie sich zu einer wunderschönen Frau entwickelt, verspürt sie Heimweh nach dem Mond und verlässt die Erde.

Ihrer Briefliebschaft, dem Kaiser, hinterlässt sie einen Abschiedsbrief und den Unsterblichkeitstrank. Dieser ist allerdings so enttäuscht, dass er beides auf dem nächsten Berg (Fuji) verbrennen lässt.

Der **Kitsune** (Fuchs) ist ein sehr bekanntes Wesen des japanischen Volksglaubens. Der Legende nach spaltet sich alle 100 Jahre sein Schwanz weiter auf, womit sich seine magische Kraft verdoppelt. Nach 1000 Jahren erreicht er seine volle Stärke und wird zum **„neunschwänzigen Fuchs“** (jap. „Kyubi no Kitsune“).

Ino-Shika-Cho ist die beste Kartenkombination im japanischen Hanafuda-Kartenspiel „Koi-Koi“.

Mit einem **Gumbai Uchiwa** gaben die Kriegsführer im mittelalterlichen Japan ihren Soldaten in der Schlacht visuelle Befehle. Es ist ein lackierter Holzfächer, der die Form einer Gitarre hat. Und wer trägt in „Naruto“ so einen Fächer? Na klar! – **Madara Uchiha!**

Bei den **acht Trigrammen** handelt es sich um eine Erweiterung der Theorie von **Yin und Yang**. Die Lehre der acht Trigramme stammt aus dem „Buch der Wandlung“, dem „Yijing“. Jedes Trigramm setzt sich aus drei Linien zusammen. Die Linien sind entweder durchgezogen oder unterbrochen, wobei die durchgezogenen Linien die Yang-Kraft symbolisieren und die unterbrochenen Linien die Yin-Kraft. Die Basis für die Entstehung der Trigramme sind die ständigen Wechselwirkungen zwischen Yin und Yang.

Hattori **Hanzo** (1541 – 1596) ist einer der bekanntesten Samurai und Ninjas des feudalen Japans. Als Oberhaupt der Ninjas aus Igar wurde er auch „Oni no Hanzo“ genannt, was so viel wie „der Dämon Hanzo“ bedeutet.

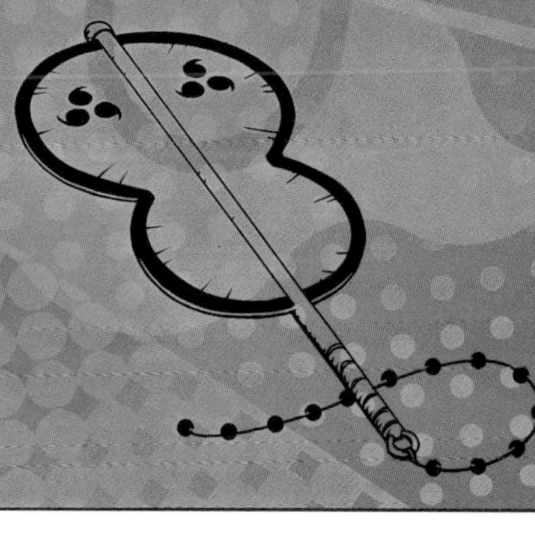

DIE GESCHICHTE DER NEUN BIJUU

GIGANTISCHE UNGEHEUER MIT UNGLAUBLICHEN KRÄFTEN: DIE STÄRKE DIESER TIERDÄMONEN ERKENNT MAN AN DEN SCHWÄNZEN – JE MEHR SCHWÄNZE EINER VON IHNEN HAT, DESTO STÄRKER IST ER.

Die Geschichte der neun Bijuu begann vor sehr, sehr langer Zeit, als der Zehnschwänzige (Juubi) auf der Erde wütete, um all sein Chakra wieder einzusammeln. Der Dämon wurde vom Rikudou Sennin und seinem Bruder besiegt. Weil die Befürchtung allerdings nahe lag, er könne erneut zuschlagen, versiegelte der Rikudou ihn im Anschluss in seinen eigenen Körper und wurde so zum Jinchuuriki.

Der Rikudou Sennin dachte aber auch an die Generationen nach ihm. So teilte er vor seinem Ableben den Juubi in neun Teile, wodurch die Bijuu entstanden. Hagoromo, der voller Güte war, hoffte insgeheim, dass die Bijuu und die Menschen sich eines Tages verstehen und in Frieden miteinander leben würden. Leider kam es anders und die Menschen versuchten die Kraft der Bijuu für sich zu nutzen, die sich wiederum mit Gewalt dagegen wehrten. So wurden die Bijuu wie Naturkatastrophen betrachtet, denn überall wo sie auftauchten, kam es zu Verwüstung und Tod.

Offenbar gelang es schließlich den Senju-Brüdern, einige Bijuu einzufangen. Denn beim ersten Treffen der Kage erklärte Hashirama, er wolle als Zeichen des Friedens alle Bijuu, die sie bisher gefangen hatten, unter den restlichen Dörfern aufteilen. Der Shodai Kazekage teilte jedoch mit, dass Sunagakure keine bräuchten, da sie bereits selbst eins gefangen hatten.

Trotz der guten Absichten von Hashirama entstanden neue Kriege. Die Bijuu wurden im Kampf eingesetzt, doch die gewaltsame Kontrolle der Menschen führte zu noch mehr Hass in ihnen. Ein Kreislauf aus Angst vor den Bijuu und Hass gegen die Menschen entstand. Denn anders als ihr Ursprung (der Juubi), bestehen die Bijuu nicht einfach nur aus bösartigem Chakra, sondern haben ihre eigenen Persönlichkeiten. Jedes von ihnen hat sogar einen eigenen Namen. Kennst du sie alle schon?

Der Einschwänzige (jap. Ichibi) hört auf den Namen **Shukaku**.

Der Zweischwänzige (jap. Nibi) heißt **Matatabi**.

Der Dreischwänzige (jap.Sanbi) hat den Namen **Isobu**.

Der Vierschwänzige (jap. Yonbi) wird **Son Gokuu** genannt.

Der Fünfschwänzige (jap. Gobi) ist **Kokuou**.

Der Sechsschwänzige (jap. Rokubi) heißt **Saiken**.

Der Siebenschwänzige (jap. Shichibi) wird **Choumei** genannt.

Der Achtschwänzige (jap. Hachibi) ist **Gyuuki**.

Der Neunschwänzige (jap. Kyuubi) heißt **Kurama** und hat mit seinen neun Schwänzen die größte Menge an Chakra.

VERTRAUTER GEIST

AUSSER DEN BIJUU GIBT ES NOCH WEITERE BESONDERE WESEN, DIE BEREITS VOR KAGUYAS ZEITEN EXISTIERT HABEN. SIE SPRECHEN DIE SPRACHE DER MENSCHEN UND KLEIDEN SICH TEILWEISE AUCH WIE SIE, GEHEN VERPFLICHTUNGEN UND HOBBYS NACH, DENNOCH SIND SIE VON IHREM WESEN HER DURCH UND DURCH TIERE.

So wurden u. a. Katzen, Hunde, Schlangen, Schnecken und Affen gezeigt – oder in Narutos Fall Frösche. In ihren eigenen geheimnisvollen Reichen bleiben sie der Menschenwelt meist fern. Wenn es einem Ninja jedoch gelingt, mit einem dieser besonderen Tiergeister ein Bündnis abzuschließen, kann der Ninja seinen vertrauten Geist jederzeit mit dem Kuchiyose no Jutsu herbeirufen. Im Kampf kann das ein entscheidender Vorteil sein. Einige Fragen zu diesem Thema werden hier geklärt!

Wie wendet man das Kuchiyose no Jutsu an?

1 Ein paar Tropfen Eigenblut in die Handinnenfläche geben (am schnellsten geht das durch Beißen in den Daumen).
2 Die Fingerzeichen (Schwein, Hund, Vogel, Affe, Schaf) formen.
3 Die blutige Handinnenfläche auf die Stelle aufdrücken, wo der vertraute Geist erscheinen soll.

Welche Voraussetzungen müssen für das Jutsu des vertrauten Geistes gegeben sein?
Um einen Tiergeist zu beschwören, muss zuvor ein Vertrag mit ihm abgeschlossen sein, den man mit seinem blutigen Fingerabdruck abzeichnet.

Welche Tiere erscheinen beim Jutsu?
In der Regel entscheidet die Chakra-Menge, die man beim Beschwören verbraucht, welcher Tiergeist auftaucht. Wendet man viel Chakra an, kommt ein größerer bzw. einer mit höherem Rang. Manche Geister mit hohem Rang sind aber auch eigenwillig. Wenn sie gerade keine Lust haben, schicken sie stellvertretend einen anderen Geist vorbei.

Braucht man für jeden Tiergeist aus derselben Tierart einen neuen Vertrag?
Nein, wenn es zu einem Vertrag mit einem Tiergeist gekommen ist, gilt dieser für alle Geister derselben Art.

Ist es auch möglich, mit mehreren Geistern Verträge abzuschließen?
Ja, Sasuke hat einen Vertrag mit den Schlangen, aber auch mit den Falken.

Gilt der Vertrag auch andersrum? Können die Geister auch ihren Vertragspartner, also den Menschen, zu sich beschwören?
Ja, das funktioniert tatsächlich mit dem Gyaku Kuchiyose no Jutsu.

QUIZ

ENTFÜHRER ODER RETTER?

OJE, HIER SIND ACHT AKATSUKI-MITGLIEDER AM WERK! DIE JINCHUURIKI SOLLEN VERSCHLEPPT WERDEN. WIRST DU SIE ZUERST FINDEN, UM SIE VOR EINER ENTFÜHRUNG ZU BEWAHREN? GEKIDNAPPT WERDEN SOLLEN: GAARA, YUGITO NII, YAGURA, ROUSHI, HAN, UTAKATA, FUU, KILLER B UND NARUTO.

ODER ENTDECKST DU ZUERST DIE ACHT MITGLIEDER DER AKATSUKI, UM DICH IHNEN ANZUSCHLIESSEN?

H	A	N	I	K	S	H	I	K	Z	A	K	B	W	N
A	T	D	E	I	D	A	R	A	E	G	A	A	R	A
S	W	O	L	O	T	E	N	O	T	M	K	N	V	R
D	R	K	H	L	H	B	K	A	S	M	U	I	G	U
Y	U	G	I	T	O	N	I	I	U	S	Z	T	T	T
H	T	J	D	M	U	S	L	K	H	S	U	A	I	O
B	A	N	A	F	T	A	L	A	U	A	U	C	L	F
N	K	M	N	D	A	S	E	C	R	S	K	H	A	Z
D	A	H	F	U	U	K	R	H	T	O	B	I	T	L
K	T	B	H	H	R	I	B	I	J	R	U	Z	U	M
I	A	R	G	K	I	S	A	M	E	I	L	S	J	A
R	E	R	Q	J	G	M	I	K	A	T	I	C	H	K
Y	A	G	U	R	A	L	S	T	A	R	A	F	H	I

Lösung auf Seite 134

NARUTO INSIDE

Als Eiichiro Oda (Mangaka von „One Piece") die Hochzeit von Masashi Kishimoto besucht hatte, sagte er, Kishimotos Frau erinnere ihn an Sakura. Kishimoto selbst versicherte jedoch, dass seine Frau für Hinata als Vorlage gedient hat.

Im Film „The Last" strickt Hinata einen Schal für Naruto. Tatsächlich gleicht das einer Szene aus dem echten Leben: Kishimotos Frau strickte ihm ebenfalls einen Schal.

Am schwersten fiel Kishimoto das Zeichnen von Sasuke, denn er musste auf sehr viele Einzelheiten achten, damit er sich in der Story nicht widersprach. Beispielsweise mag Sasuke nichts Süßes. Wenn Team 7 Limonade trank, bekam Sasuke ein anderes Getränk in die Hand.

Bei Maito Gais Team ließ sich Kishimoto von der chinesischen Kultur und Kleidung inspirieren. Insbesondere auf Tentens Design ist er sehr stolz.

Es heißt, dass Ino das meiste Chakra aus ihrem Team besitzt. Laut dem Fähigkeiten-Parameter der Schriften des Sha kann man aber sicher sagen, dass das nicht stimmt.

HYOROGAN

DER AKIMICHI-CLAN KENNT SICH BEIM THEMA ESSEN BESTENS AUS. KEIN WUNDER ALSO, DASS WIR VON CHOUJI AKIMICHI ERFAHREN, DASS ES IN DER NINJA-WELT NAHRUNGSKUGELN GIBT. IM ORIGINAL HEISSEN SIE HYOROGAN UND SIE KÖNNEN DEN ANWENDER ENORM STÄRKEN.

Beim Kampf mal wieder ein toller Vorteil: Im deutschsprachigen Anime wurden sie als Stimulanzien bzw. Ninja-Nahrungspillen bezeichnet. Wir kennen sie im echten Leben vermutlich als Energyballs.

Chouji hat immer drei verschiedene Farben parat. Die grünen Spinatkugeln steigern die physische Kraft und die gelben Currykugeln erhöhen das eigene Chakra um das Zehnfache. Die roten Chillikugeln erhöhen das Chakra und die Kraft um das Hundertfache, allerdings kann die Einnahme dieser Kugeln zum Tod führen.

In Narutos Welt verleihen die Nahrungskugeln besondere Kräfte. Tatsächlich gab es solche Hyorogan sogar im alten Japan. Sie hatten aber keine besonderen Wirkungen, sondern waren einfach leicht zu transportieren und so der ideale Proviant auf Missionen. Sie sorgten aufgrund ihrer Nährwerte für Energie und Ausdauer.

Im alten Japan gab es drei Arten der Ninja-Nahrungspillen:

1. Suikatsugan (Wasserpillen) wurden aus eingelegten Pflaumen hergestellt.
2. Kikatsugan (Hungerpillen) bestanden hauptsächlich aus Klebreis.
3. Hyourougan (Vorratspillen), deren Hauptbestandteil ebenfalls Reis war, wurde mit anregenden Wurzeln und Kernen gepimpt.

Bedeutend waren damals die lange Haltbarkeit, aber auch die wichtigen Nährstoffe und dass sie lange satt hielten. Außerdem durften sie den eigenen Körpergeruch nicht verstärken, denn Ninjas müssen ja gut getarnt bleiben. Deswegen gab es weder Fleisch noch Fisch, Zwiebeln oder Knoblauch.

CHOUJIS REZEPT FÜR DIE NINJA-NAHRUNGSPILLEN HYOROGAN

KONZENTRIERT UND GESUND BLEIBEN, DABEI NICHT AUFFALLEN UND MIT DEN GEGEBENHEITEN SEINES UMFELDS AUSKOMMEN, DAS IST DAS MOTTO EINES NINJAS WÄHREND SEINER MISSION. GETREU DIESEM MOTTO WURDE AUCH DIESES REZEPT FÜR DIE HYOROGAN AUSGESUCHT, DAS GANZ INDIVIDUELL UND PERFEKT AUF DIE GEGEBENHEITEN DEINES UMFELDS ANGEPASST WERDEN KANN. DABEI LIEFERN SIE IMMER EINE ORDENTLICHE PORTION MINERALIEN UND VITAMINE. ALSO RAN AN DIE HERSTELLUNG! DEINE NÄCHSTE MISSION WIRD BESTIMMT BALD KOMMEN, ECHT JETZT!

100g gehackte Nüsse nach Wahl (z.B. Mandeln, Walnüsse, Erdnüsse)
180 g getrocknete Früchte nach Wahl (z.B. Datteln, Aprikosen, Feigen)
2 EL Bio-Kakaopulver (ohne Zucker)
½ TL Vanille-Extrakt (optional)
1 Prise Salz

1. Alle Zutaten nacheinander in einen Zerkleinerer geben. Gut durchmixen, bis eine klebrige Masse entsteht.
2. Aus dieser Masse formst du 20 kleine Kugeln.
3. Deine Ninja-Nahrungspillen sind in einer luftdichten Dose etwa eine Woche haltbar. Viel Spaß!

QUIZ

DAS ULTRASCHWIERIGE „NARUTO"-WISSENSQUIZ

NUR FÜR RICHTIGE NINJAS: WIE GUT KENNST DU DICH MIT „NARUTO" WIRKLICH AUS? TESTE HIER DEIN WISSEN!

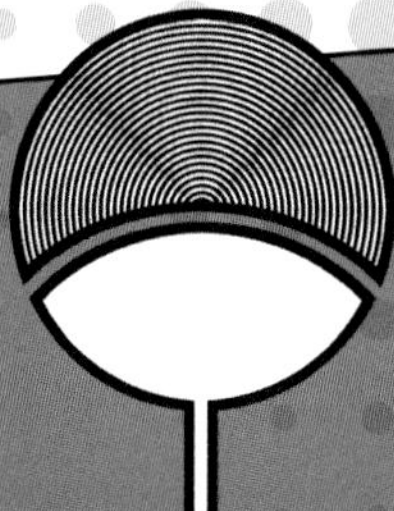

1. Mit welchem Ninjutsu überlistet Naruto den Sensei von Konoha?

a) Rasengan
b) Chidori
c) Sexy Jutsu

2. Wer schimpft während seiner Trunkenheit wie folgt: „Bin ich Heckenpenner oder was?"

a) Jiraiya
b) Rock Lee
c) Tsunade

3. Wessen Nindo besagt, kein angebotenes Essen zu verschmähen?

a) Kiba Inuzuka
b) Chouji Akimichi
c) Anko Mitarashi

4. Welcher Charakter wäre lieber eine Wolke?

a) Shikamaru Nara
b) Hinata Hyuuga
c) Sai

5. Warum wurde Sakura als Kind geärgert?

a) Wegen ihrer hohen Stirn
b) Wegen ihrer krummen Beine
c) Wegen ihrer rosa Haare

Lösung ab Seite 153

6. Wer ist im wahrsten Sinne des Wortes ein Herzensbrecher?

a) Jiraiya
b) Minato
c) Kakashi

7. Was antwortet Gai, als Kakashi ihn fragt: „Spürst du das auch, Gai? Die Luft ist kalt geworden …"

a) „Das liegt am Wetter, wir haben Winter."
b) „Das liegt an dir! Deine heißblütige Jugend schwindet!"
c) „Das liegt am Essen. Deine Suppe ist kalt."

8. Welche Tierform hat Narutos Geldbeutel?

a) Affe
b) Fuchs
c) Kröte

9. Wie nennt Sakura Ino für gewöhnlich?

a) Ino-Puppe
b) Ino-Tussi
c) Ino-Blondie

10. Unter welchen Umständen fällt es Madara Uchiha schwer, zu urinieren?

a) Wenn jemand hinter ihm steht
b) Beim Baden
c) Nach dem Essen salziger Speisen

11. Was gehört zum Dresscode der Akatsuki?

a) Hohe Stiefel
b) Lackierte Nägel
c) Netzstrumpfhose

QUIZ

12. Welche Jonin sind leidenschaftliche Fans der „Flirtparadies“-Reihe?

a) Kakashi und Ebisu
b) Kakashi und Gai
c) Kakashi und Asuma

13. Welche schlechte Angewohnheit hat Hashirama seiner Enkelin Tsunade vererbt?

a) Seine Essgewohnheiten
b) Seine Spielgewohnheiten
c) Seine Schlafgewohnheiten

14. Mit welchem Satz löst Sasuke Verwirrung bei seiner Altersgruppe aus?

a) „Ich werde Ino heiraten.“
b) „Ich mag Sensei Gais Frisur.“
c) „Ich werde Hokage.“

15. Was macht Itachi gerne?

a) Confiserien besuchen
b) Konzerte besuchen
c) Onsen besuchen

16. Welche der aufgeführten Personen ist keine Kunoichi?

a) Tenten
b) Sakura
c) Haku

17. Welche weibliche Figur hat weniger Screentime als Narutos Schaukel?

a) Sakura
b) Tenten
c) Tsunade

Lösung ab Seite 153

18. Welche Anzüge müssen die Schüler von Jiraiya tragen?

a) Katzen-Anzüge
b) Affen-Anzüge
c) Frosch-Anzüge

19. Wer gab den drei legendären „San-Nin" ihren Titel?

a) Danzo
b) Juuzou
c) Hanzou

20. Wie heißt der Zwillingsbruder von Masashi Kishimoto

a) Seishi Kishimoto
b) Sasuke Kishimoto
c) Shinichi Kishimoto

21. In welchem japanischen Verlag werden die „Naruto"-Mangas veröffentlicht?

a) Carlsen Verlag
b) Hakusensha-Verlag
c) Shueisha-Verlag

22. Was würde Jiraiya in Konoha sehr vermissen?

a) Kampftraining mit Hiruzen Sarutobi
b) Ramen von „Ichiraku"
c) Das Kabuki-Theater

23. Was strickt Hinata Naruto in einem der Filme?

a) Zwei verschiedene Socken
b) Einen Schal
c) Eine Mütze

FEHLER UND UNLOGISCHE SZENEN

ALS „NARUTO" STARTETE, WAR DAS ENDE NOCH KOMPLETT OFFEN. MAN WOLLTE ERSTMAL ABWARTEN, WIE DIE ZUSCHAUER DIE SERIE ANNEHMEN WÜRDEN. ALS MANGA UND ANIME EIN RIESIGER ERFOLG WURDEN, ENTWICKELTE SICH DIE STORY WEITER UND NEUE HANDLUNGSSTRÄNGE KAMEN HINZU. IN EINER PRODUKTIONSDAUER VON 15 JAHREN IST ES NATÜRLICH NICHT VERWUNDERLICH, DASS BEI DIESER KOMPLEXITÄT MANCHMAL ETWAS SCHIEFGING.

So gibt es Szenen, die sich widersprechen. Kishimoto gab in einem Interview auch mal zu, dass er öfters seine Frau darum bat, bestimmte Szenen aus vorangegangenen Kapiteln zu lesen und für ihn zusammenzufassen. Er konnte sich an manche Einzelheiten einfach nicht mehr erinnern!

Die häufigsten Unstimmigkeiten gab es in Bezug auf die **Gründungsgeschichte**. So heißt es, dass Tobirama der Gründer der Ninja-Akademie sei. Später wird aber gezeigt, dass Hashirama die Idee dazu hatte. Gemeinsam mit Madara besucht dieser die bereits gegründete Schule. Und selbst die **Todesursache** von Hashirama bleibt ein Rätsel, sogar die Zeitangaben dazu sind durcheinandergeraten. Laut dem offiziellen Fanbuch verstarb Hashirama kurz nach Gründung des Dorfes. Damals war er noch recht jung. Später erzählt er selbst, dass seine Enkelin Tsunade ihre Spielgewohnheiten von ihm bekommen haben soll. Er erinnert sich sogar daran, wie sie mit Geld gewedelt hatte. Demnach müsste Hashirama ein Alter erreicht haben, das es ihm ermöglichte, Großvater zu werden, doch so alt war er zur Gründungszeit von Konoha nicht.

Die nächste Ungereimtheit findet sich in **Narutos Ninja-Prüfungen**. Es heißt, dass er bereits zum dritten Mal durch die Tests gefallen sei. Naruto ist etwas jünger als Sasuke. Das heißt, dass auch Sasuke, der Überflieger, wie alle anderen aus Narutos Jahrgang durch die Prüfung gerasselt sein muss.

Am Anfang der Handlung wird darauf hingewiesen, dass das Sharingan ursprünglich aus dem Byakugan hervorgegangen sei. Diese Behauptung wird jedoch im weiteren Verlauf des Mangas widerlegt. Tatsächlich stammen beide besonderen **Augen** von Kaguya.

Ein Logikfehler versteckt sich auch in der Teilnahme der angehenden Ninjas aus Otogakure bei der **Chunin-Auswahlprüfung**. Otokagure wurde von Orochimaru gegründet und die Bewohner dieses Dorfes werden alle als Abtrünnige bezeichnet. Als diese dürfen sie also überhaupt nicht an der Auswahl teilnehmen.

Wie oft rettete Naruto schon die ganze Welt? Trotzdem ist er immer noch **Genin**. Er meistert eigentlich schon Jonin-Aufträge, aber ist noch nicht mal Chunin. Auf jeden Fall nicht ganz logisch!

Im Film „The Last“ gab es einen richtig lustigen Fehler. Als Hinata fast von einem Turm in die Tiefe stürzt, hält sie sich an Narutos Schal fest. Dabei könnte sie doch mit ihrem **Chakra** auch einfach die Wände hochlaufen!

Selbstverständlich gibt es noch jede Menge anderer **Logikfehler** wie beispielsweise beim Pain-Kampf oder beim Plan der Akatsuki. Das wären aber alles krasse Spoiler! Deswegen verraten wir hier nichts darüber.

DIE BESTEN ZITATE I

„WENN RACHE GERECHTIGKEIT IST, DANN BRINGT GERECHTIGKEIT NUR NOCH MEHR RACHE UND WIRD SO ZU EINEM ENDLOSEN KREISLAUF AUS HASS."

Pain

„WIR GLAUBEN GERECHT ZU HANDELN, ABER DAS TUT DER FEIND EBENFALLS. WELCHES IST NUN DIE RICHTIGE GERECHTIGKEIT?"

Shisui Uchiha

„JEMAND DER EINEN FREUND NICHT RETTEN KANN, KANN AUCH KEIN HOKAGE WERDEN!"

Naruto Uzumaki

„ZU EINER FAMILIE GEHÖREN ALLE MENSCHEN, DENEN MAN SICH NAHE FÜHLT."

Hiruzen Sarutobi

„WER NICHT AN SICH GLAUBT, IST DEM MISSERFOLG VERSCHRIEBEN."

Itachi Uchiha

„DIE WICHTIGSTEN DINGE STEHEN IN KEINEM BUCH. MAN MUSS SIE SELBST ERFAHREN."

Sakura Haruno

„TRÄUME ÜBERDAUERN DIE LEBEN VON GENERATIONEN."

Tsunade

„ES IST UNWICHTIG, OB EINE LEISTUNG GROSS ODER KLEIN IST. VIEL WICHTIGER IST, DASS MAN DAS, WAS MAN MACHT, MIT DEM HERZEN MACHT."

Yamato

„FAULHEIT IST DIE MUTTER ALLER SCHLECHTEN GEWOHNHEITEN, ABER IM ENDEFFEKT IST SIE EINE MUTTER, UND DESHALB SOLLTEN WIR SIE ALLE RESPEKTIEREN!"

Shikamaru Nara

„FÜHRE DIE MENSCHEN UND GLAUBE AN SIE, DENN AUS IHRER MITTE WIRD EINER KOMMEN, DER WEITERMACHEN WIRD, WENN DEINE ZEIT ABGELAUFEN IST."

Tobirama Senju

DIE BESTEN ZITATE II

„SICH FRIEDEN ZU WÜNSCHEN, WÄHREND MAN BLUTIGE KRIEGE FÜHRT, IST TYPISCH FÜR DEN MENSCHEN. DAS HÄNGT SO ENG ZUSAMMEN WIE DIE ZWEI SEITEN EINER MEDAILLE."

Madara Uchiha

„SELBST EIN GEFANGENER VOGEL VERSUCHT IRGENDWANN DIE TÜR SEINES KÄFIGS ZU ÖFFNEN. ER GIBT DIE HOFFNUNG AUF FREIHEIT NIE AUF."

Neji Hyuuga

„LIEBE BRAUCHT KEINEN GRUND. DEN BRAUCHT MAN NUR, UM JEMANDEN ZU HASSEN."

Kakashi Hatake

„EIN HELD IST NICHT DERJENIGE, DER NIEMALS FÄLLT. ES IST DERJENIGE, DER IMMER WIEDER AUFSTEHT UND NIEMALS SEINE TRÄUME AUS DEN AUGEN VERLIERT."

Rock Lee

„DAS GRÖSSTE ATTRIBUT EINES SHINOBI IST NICHT DIE ANZAHL DER JUTSUS, DIE ER BEHERRSCHT, SONDERN DER WILLE, NIE AUFZUGEBEN."

Jiraiya

„WENN ES HEISST, SEINE FREUNDE IM STICH ZU LASSEN, UM KLÜGER ZU WERDEN, DANN BLEIBE ICH LIEBER MEIN LEBEN LANG EIN NARR!"

Naruto Uzumaki

„IN DER WELT DER SHINOBI SIND REGELBRECHER ABSCHAUM. ABER LEUTE, DIE IHRE KAMERADEN IM STICH LASSEN, SIND SCHLIMMER ALS ABSCHAUM."

Obito Uchiha

QUIZ

KREUZWORTRÄTSEL

WIE GUT KENNST DU DICH IN „NARUTOS“ WELT WIRKLICH AUS? TESTE HIER DEIN WISSEN.

SENKRECHT:

1. Polizeianführer von Konoha
4. Vorfahre von Shisui
5. Besitzer des Ichiraku-Imbisses
6. Bijuu von Sunagakure
7. Vater von Shikamaru
9. Narutos Wortneuschöpfung
12. Nachname 4. Hokage
13. Stammhalterin der Hyuuga
16. Arm voller Sharingan

WAAGERECHT:

2. Teamführer von Ino-Shika-Cho
3. Die Dorfälteste
6. Der „weiße Reißzahn“
8. Spezialeinheit
10. Oberhaupt der Yamanaka
11. Ein Clan in Konoha
14. Gaaras Bruder
15. Ein Gefangener Orochimarus
17. Das Dorf versteckt im Regen
18. Ein Taka-Mitglied
19. Gais Schülerin

Lösung auf Seite 135

1
2
3
4
5
6
7
8
9
10
11
12
13
14
15
16
17
18
19

WORTPUZZLE-GENJUTSU

QUIZ

URGH, EIN GENJUTSU! ERKENNST DU DIE WAHRHEIT UND SETZT DIE BUCHSTABEN RICHTIG EIN?

ENHKSIRU	_ _ _ _ _ _ _ N
AHUCIH	_ _ _ _ _ A
UOMIARCHOR	_ _ _ _ _ _ _ _ R _
UAHYGU	_ _ U _ _ _
TNIMOA	_ _ _ _ T _
GEKHAO	_ O _ _ _ _
INAUK	_ U _ _ _
RNZIUHE	_ _ _ _ Z _ _
KUMAAR	_ U _ _ _ _
AMAARKU	_ _ _ M _ _ _
SKAIKHA	_ A _ _ _ _ _
NOAKHO	K _ _ _ _ _
NUUTNJSI	_ I _ _ _ _ _ _

Lösung auf Seite 136

DIE BLUTGRUPPEN

IN JAPAN IST ES EIN WEITVERBREITETER GLAUBE, DASS DIE BLUTGRUPPE DIE PERSÖNLICHKEIT OFFENBAREN KANN. DESWEGEN HABEN DIE „NARUTO"-CHARAKTERE NATÜRLICH AUCH BLUTGRUPPEN! WAS DIESE AUSSAGEN, ERFÄHRST DU HIER!

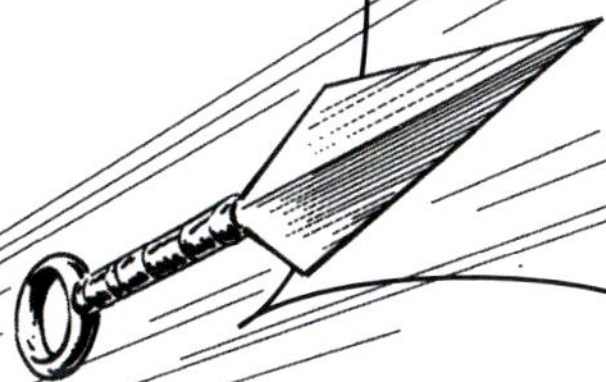

BLUT-GRUPPE	POSITIVE EIGENSCHAFTEN	NEGATIVE EIGENSCHAFTEN	CHARAKTERE
A	ehrlich, kreativ, sensibel, zurückhaltend, geduldig, verantwortungsvoll	anspruchsvoll, überehrlich, stur, angespannt, konservativ	Rock Lee, Hinata
B	wild, aktiv, kreativ, leidenschaftlich, stark	egoistisch, unverantwortlich, unversöhnlich, unberechenbar	Naruto, Tenten, Gai
AB	cool, kontrolliert, rational, gesellig	kritisch, unentschlossen, vergesslich, unverantwortlich	Sasuke, Itachi
0	angenehm, gesellig, optimistisch	eitel, unhöflich, eifersüchtig, arrogant	Sakura, Kakashi, Neji

QUIZ

DORF-GESCHICHTEN

DU KENNST DICH IN DER SHINOBI-WELT GUT AUS? DANN IST ES FÜR DICH BESTIMMT GANZ EINFACH, DIE NAMEN DER DÖRFER ZU ÜBERSETZEN! WEISST DU AUCH, WIE DAS LAND HEISST, IN DEM SICH DAS DORF BEFINDET? TRAGE ES EIN!

DORF	ÜBERSETZUNG	LAND
KONOHAGAKURE		
KUMOGAKURE		
SUNAGAKURE		
KUSAGAKURE		
HOSHIGAKURE		
IWAGAKURE		
AMEGAKURE		
OTOGAKURE		
TAKIGAKURE		
KIRIGAKURE		
YUKIGAKURE		

Lösung auf Seite 137

ECHT JETZT!

NARUTO INSIDE

Obito und Izuna haben am selben Tag Geburtstag. Ein Zufall? Wohl kaum!

Zu Beginn war Itachi als Anführer einer Sonder-Attentats-Truppe (Itachi-Truppe) geplant gewesen. Von dieser Idee behielt Kishimoto aber nur den Namen.

Was hat Orchimaru mit „Harry Potter“ zu tun? Genau wie Voldemort strebt er das ewige Leben an. Kishimoto war ein begeisterter Leser von J.K. Rowlings Buchreihe. Der dunkle Lord konnte also durchaus als Vorlage für den „Naruto“-Charakter gedient haben.

Der Naruto-Laufstil ist nicht nur ein beliebtes Meme, sondern animiert viele Fans auch selbst so zu laufen. Tatäschlich gibt es seit bald 20 Jahren einen Naruto-Lauf, bei dem viele Fans zusammenkommen, um den Laufstil nachzuahmen.

Kakashi soll über tausend Jutsu kopiert haben und bekam deshalb den Spitznamen „Kopierninja“. Das Geheimnis um sein Gesicht wird in der Episode 469 enthüllt. Diese Folge ist auch Canon, da sie die Animation vom Sonderkapitel „Das wirklich wahre Gesicht ...!!“ in „Fuu no Sho“ ist.

Vor Kisame hatte Itachi einen anderen Akatsuki-Partner namens Juuzou Biwa. Er war ein ehemaliges Mitglied der Sieben Shinobi-Schwertkämpfer aus Kirigakure. Bei einer gemeinsamen Mission kam er ums Leben.

LÖSUNGEN

QUIZ

HIER ZEIGT SICH, OB IHR ÜBERALL RICHTIG GERÄTSELT HABT – UND NATÜRLICH, WIE FUNDIERT EUER WISSEN ZU „NARUTO“ IST.

AUFLÖSUNG VON SEITE 114 (ENTFÜHRER ODER RETTER?)

H	A	N	I	K	S	H	I	K	Z	A	K	B	W	N
A	T	D	E	I	D	A	R	A	E	G	A	A	R	A
S	W	O	L	O	T	E	N	O	T	M	K	N	V	R
D	R	K	H	L	H	B	K	A	S	M	U	I	G	U
Y	U	G	I	T	O	N	I	I	U	S	Z	T	T	T
H	T	J	D	M	U	S	L	K	H	S	U	A	I	O
B	A	N	A	F	T	A	L	A	U	A	U	C	L	F
N	K	M	N	D	A	S	E	C	R	S	K	H	A	Z
D	A	H	F	U	U	K	R	H	T	O	B	I	T	L
K	T	B	H	H	R	I	B	I	J	R	U	Z	U	M
I	A	R	G	K	I	S	A	M	E	I	L	S	J	A
R	E	R	Q	J	G	M	I	K	A	T	I	C	H	K
Y	A	G	U	R	A	L	S	T	A	R	A	F	H	I

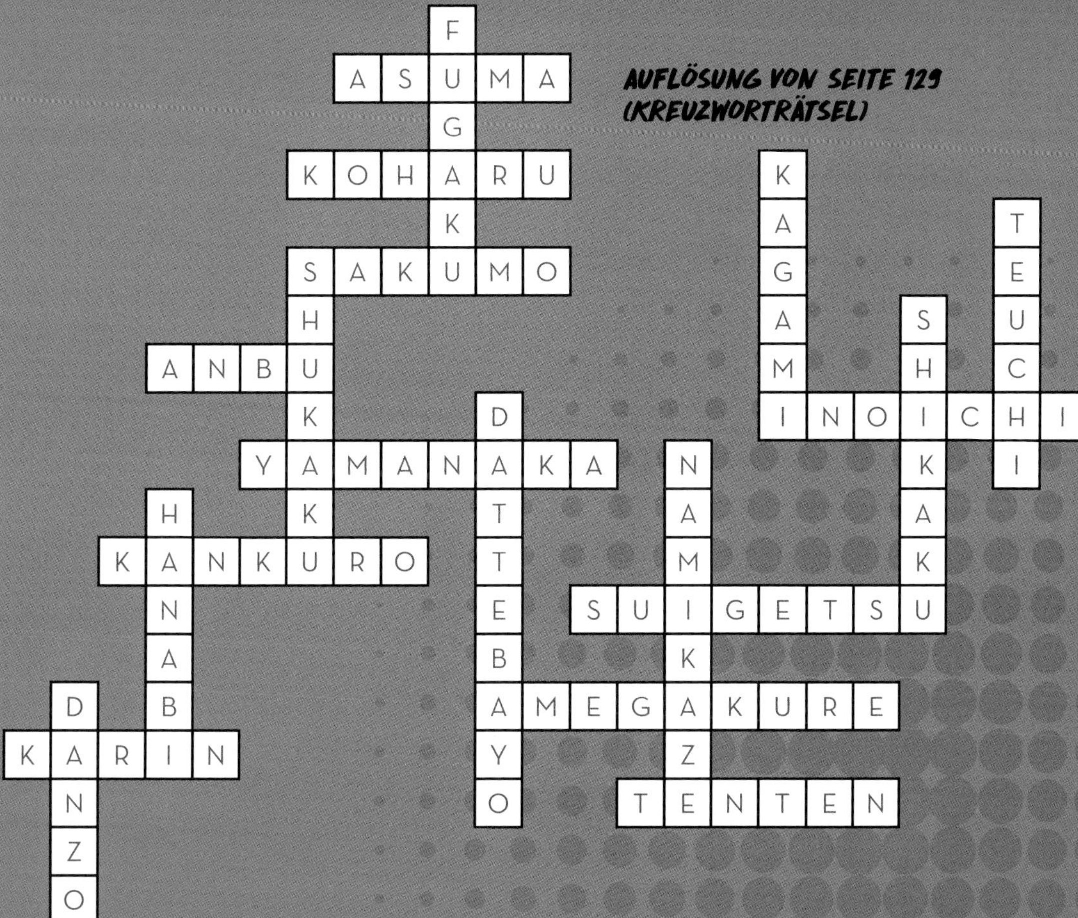

AUFLÖSUNG VON SEITE 129 (KREUZWORTRÄTSEL)

AUFLÖSUNG VON SEITE 118–121 (DAS ULTRASCHWIERIGE „NARUTO"-WISSENSQUIZ)

1. Mit welchem Ninjutsu überlistet Naruto den Sensei von Konoha? **c) Sexy Jutsu**

2. Wer fragt während seiner Trunkenheit, ob er ein „Heckenpenner“ ist? **b) Rock Lee**

3. Wessen Nindo besagt, kein angebotenes Essen zu verschmähen? **b) Chouji Akimichi**

4. Welcher Charakter wäre lieber eine Wolke? **a) Shikamaru Nara**

5. Warum wurde Sakura als Kind geärgert? **a) Wegen ihrer hohen Stirn**

6. Wer ist im wahrsten Sinne des Wortes ein Herzensbrecher? **c) Kakashi**

7. Was antwortet Gai, als Kakashi ihn fragt: „Spürst du das auch, Gai? Die Luft ist kalt geworden ...“
b) „Das liegt an dir! Deine heißblütige Jugend schwindet!“

8. Welche Tierform hat Narutos Geldbeutel? **c) Kröte**

9. Wie nennt Sakura Ino für gewöhnlich? **b) Ino-Tussi**

10. Unter welchen Umständen fällt es Madara Uchiha schwer, zu urinieren? **a) Wenn einer hinter ihm steht**

11. Was gehört zum Dresscode der Akatsuki? **b) Lackierte Nägel**

12. Welche Jonin sind leidenschaftliche Fans der „Flirtparadies“-Reihe?
a) Kakashi und Ebisu

13. Welche schlechte Angewohnheit hat Hashirama seiner Enkelin Tsunade vererbt? **b) Seine Spielgewohnheiten**

14. Mit welchem Satz löst Sasuke Verwirrung bei seiner Altersgruppe aus?
c) „Ich werde Hokage.“

15. Was macht Itachi gerne?
a) Confiserien besuchen

16. Welche der aufgeführten Personen ist keine Kunoichi? **c) Haku**

17. Welche weibliche Figur hat weniger Screentime als Narutos Schaukel?
b) Tenten

18. Welche Anzüge müssen die Schüler von Jiraiya tragen? **c) Frosch-Anzüge**

19. Wer gab den drei legendären „San-Nin“ ihren Titel? **c) Hanzou**

20. Wie heißt der Zwillingsbruder von Masashi Kishimoto **a) Seishi Kishimoto**

21. In welchem japanischen Verlag werden die „Naruto“-Mangas veröffentlicht? **c) Shueisha-Verlag**

22. Was würde Jiraiya in Konoha sehr vermissen? **b) Ramen von „Ichiraku“**

23. Was strickt Hinata Naruto in einem der Filme? **b) Einen Schal**

AUFLÖSUNG VON SEITE 130 (WORTPUZZLE-GENJUTSU)

ENHKSIRU	SHURIKEN
AHUCIH	UCHIHA
UOMIARCHOR	OROCHIMARU
UAHYGU	HYUUGA
TNIMOA	MINATO
GEKHAO	HOKAGE
INAUK	KUNAI
RNZIUHE	HIRUZEN
KUMAAR	KURAMA
AMAARKU	AKAMARU
SKAIKHA	KAKASHI
NOAKHO	KONOHA
NUUTNJSI	NINJUTSU

AUFLÖSUNG VON SEITE 132 (DORFGESCHICHTEN)

DORF	ÜBERSETZUNG	LAND
KONOHAGAKURE	DAS DORF VERSTECKT UNTER DEN BLÄTTERN	FEUER-REICH
KUMOGAKURE	DAS DORF VERSTECKT UNTER DEN WOLKEN	DONNER-REICH
SUNAGAKURE	DAS DORF VERSTECKT IM SAND	WIND-REICH
KUSAGAKURE	DAS DORF VERSTECKT UNTER DEM GRAS	GRAS-REICH
HOSHIGAKURE	DAS DORF VERSTECKT UNTER DEN STERNEN	BÄREN-REICH
IWAGAKURE	DAS DORF VERSTECKT UNTER DEN FELSEN	ERD-REICH
AMEGAKURE	DAS DORF VERSTECKT IM REGEN	REGEN-REICH
OTOGAKURE	DAS DORF VERSTECKT IM SCHALL	REISFELD-REICH
TAKIGAKURE	DAS DORF VERSTECKT IN EINEM WASSERFALL	WASSERFALL-REICH
KIRIGAKURE	DAS DORF VERSTECKT IM NEBEL	WASSER-REICH
YUKIGAKURE	DAS DORF VERSTECKT UNTER DEM SCHNEE	SCHNEE-REICH

Buchempfehlungen für dich

Noch mehr Kreativ-Bücher zum gleichen Thema gesucht?

978-3-7358-8078-9

978-3-7358-8135-9

978-3-7358-8050-5

978-3-7358-8039-0

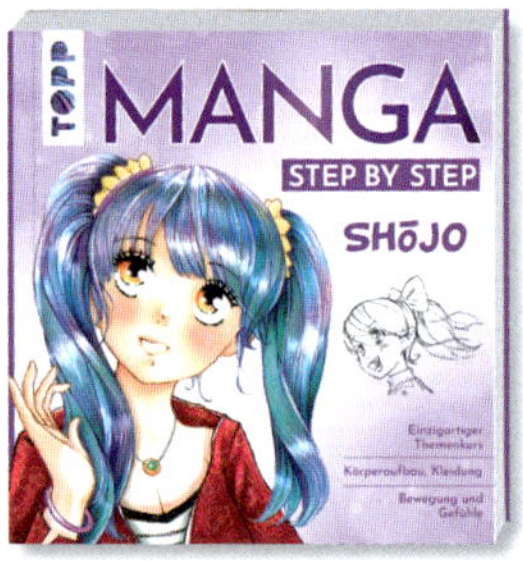

978-3-7358-8040-6

978-3-7358-8042-0

978-3-7358-8061-1

978-3-7358-8085-7

978-3-7358-8027-7

Viele weitere Kreativ-Bücher findest du auf www.TOPP-kreativ.de

#TOPPPROJEKT

Die eigene Kreativität zeigen: TOPPprojekt mit anderen Kreativen teilen und Teil der Gemeinschaft werden.

DIY-begeistert und auf Instagram? Dann unbedingt mitmachen! Hier gibt's Tipps und Feedback zu den eigenen Projekten. Außerdem verlosen wir jeden Monat ein Überraschungspaket. Um am Gewinnspiel teilzunehmen, einfach ein Bild vom Kreativ-Projekt aus unseren Büchern mit #TOPPprojekt posten und unserem Account @frechverlag folgen. Mehr Infos auf TOPP-kreativ.de/TOPPprojekt

Website
Auf TOPP-kreativ.de können Sie ein riesiges Angebot von über 1.000 Kreativbüchern, Sets & mehr entdecken.

Newsletter
Gleich anmelden unter: TOPP-kreativ.de/newsletter und immer als Erstes von unseren Neuheiten und Sonderaktionen erfahren.

Instagram
@frechverlag

Pinterest
pinterest.com/frechverlag

Facebook
facebook.com/frechverlag

DigiBib
Hier finden Sie zusätzlich zu vielen unserer Bücher digitale Extras, wie Video-Tutorials, Plotter-Dateien, Vorlagen, Übungsblätter & vieles mehr. Einfach im Impressum Ihres TOPP-Buchs den Freischalte-Code nachschlagen und exklusive Inhalte freischalten. TOPP-kreativ.de/digibib

Youtube
youtube.com/frechverlag

IMPRESSUM

TEXT: Betül Uslu
ILLUSTRATIONEN: Jürgen Speh

PRODUKTMANAGEMENT: Stephanie Iber
REDAKTION UND LEKTORAT: Lisa Spägele, red.sign, Stuttgart
KORREKTORAT: red.sign, Stuttgart
COVERGESTALTUNG: Tatjana Weiß unter Verwendung von Illustrationen von freepik
LAYOUTENTWURF UND SATZ: Anette Vogt, red.sign, Stuttgart mit Illustrationen von Shutterstock/R.E.A.D (S. 29, 70, 71 73)
HERSTELLUNG: Heike Köhl
DRUCK UND BINDUNG: DZS Grafik, Slowenien

2. Auflage 2025

produktsicherheit@frechverlag.de
ISBN 978-3-7358-5200-7 · Best.-Nr. 25200

MIX
Papier | Fördert gute Waldnutzung
FSC® C106600
FSC www.fsc.org

Penguin Random House Verlagsgruppe
FSC® N001967

Die DigiBib – Alle Updates für dich
www.topp-kreativ.de/digitale-bibiliothek/
Hier findest du alle aktuellen Infos zu deinem Produkt.
Freischaltcode: 51634

ÜBER DIE AUTORIN

Animebegeistert war ich schon immer! Früher schaute ich sie gemeinsam mit meinem Bruder an, selbst meine Schwester und meine Mutter blieben irgendwann mit vor dem Fernseher sitzen. Im Alltag einer Erwachsenen geraten solche Vorlieben leicht in Vergessenheit. Erst mit meinem ersten Sohn kam meine Liebe zu den Animes zurück. Seitdem ist „Naruto“ meine unangefochtene Nummer 1! Doch der riesige Timeskip in der Anschlussserie „Boruto“ ließ mir keine Ruhe. Was geschah in der Zeit dazwischen? Im Internet bin ich dann auf Fanfictions gestoßen, also von Fans erfundene Geschichten, um solche Lücken zu schließen, und ich beschloss, eigene Fanfictions zu schreiben. Leider reichten erstmal meine Deutschkenntnisse für schöne Texte nicht aus. Im „Naruto“-Forum bat ich um Hilfe und ich bekam wundervolle Unterstützung. Alles was mir meine damaligen Deutschlehrer nicht beibringen konnten, kann ich nun! Außerdem lernte ich andere „Naruto“-Fans kennen. So kam es, dass ich – dank „Naruto“ – neue Freundschaften schließen konnte.

Ich bin noch lange nicht perfekt und ich danke dem Team des frechverlags (wie auch meinem Mann) für die Unterstützung bei diesem Buch! Damit hat sich für mich ein Herzenswunsch erfüllt, ECHT JETZT!

Eure Betül